Nur ein halbes Herz

DEBBIE WYRICH
MIT TANJA JANZ

Nur ein halbes Herz

DER KAMPF UM MEINEN SOHN DANIEL

BOOKS

Inhalt

1

Ein Junge mit roten Haaren

Am 21. Februar 1997 verließ ich wie immer morgens unser Haus. Wir lebten in einer schönen Gegend von Port Elizabeth, der fünftgrößten Stadt in Südafrika. Wir, das waren mein Mann Paul, unser gemeinsamer Sohn Ryan und ich. Ich war mit achtzehn Jahren von Deutschland wieder zurück nach Südafrika gegangen, weil dort die meisten meiner Familienmitglieder leben, und dort hatte ich bald darauf Paul kennengelernt. Man könnte sagen, wir waren eine richtig glückliche Familie: Unser Sohn war gesund, mein Mann und ich hatten Arbeit, ein schönes Haus – es fehlte uns an nichts. Ich war selbstständig, und führte einen gut laufenden Kosmetiksalon und freute mich jeden Tag auf meine netten Kunden. Das i-Tüpfelchen unseres Glücks befand sich zu diesem Zeitpunkt unter meinem Herzen. Ich war in der fünfunddreißigsten Schwangerschaftswoche und konnte es kaum abwarten, im nächsten Monat Mutter eines zweiten Sohnes zu werden, für den mein Mann und ich im Vorfeld den Namen Daniel ausgesucht hatten.

»Hallo Debbie! Da bist du ja.«

Carol, meine erste Kundin des Tages, die ungefähr in meinem Alter war, wartete bereits auf meine Ankunft vor dem Kosmetiksalon. Ich mochte sie besonders gern, weil sie so eine positive Art an sich hatte und nie ein böses Wort über irgendjemanden verlor. Ich parkte meinen Wagen auf der gegenüberliegenden Straßenseite und beeilte mich, zu ihr zu kommen.

»Guten Morgen«, sagte ich, nahm sie freundschaftlich in den Arm und fischte dabei den Schlüssel zum Salon aus meiner Handtasche. Drinnen nahm Carol an einem Tisch Platz, an dem ich ihre Nägel modellieren wollte.

»Ich setze uns eben noch einen Kaffee auf«, rief ich ihr zu und verschwand im hinteren Teil des Ladens, in dem eine kleine Küche untergebracht war. Als ich gerade den zweiten Löffel Pulverkaffee in den Filter gab, zuckte ich plötzlich zusammen und griff mir reflexartig an den Unterleib. Der gefüllte Löffel fiel scheppernd auf den gefliesten Fußboden und das feine Kaffeepulver verteilte sich auf den hellen Kacheln. Krampfartige Schmerzen durchfuhren mich, ausstrahlend vom Nierenbereich bis in die Oberschenkel hinein. Mir wurde sogleich speiübel und ich spürte, wie mir kalter Schweiß den Rücken hinablief. Stöhnend stützte ich mich auf der Spüle ab und bemerkte ein lautes Pochen an meinen Schläfen.

Bitte, lieber Gott, lass es nicht wieder neue Nierensteine sein, betete ich im Stillen. Dieses Vergnügen hatte ich schon einmal gehabt und seitdem hatte ich gehörigen Respekt vor den Koliken, die die kristallinen Ablagerungen hervorrufen konnten. Es durften einfach keine neuen Nierensteine sein. Schließlich war ich schwanger!

Ich wollte nach Carol rufen, damit sie mir half, aber die Krämpfe nahmen mir den Atem und meine Kehle war in dem Moment wie zugeschnürt. Durch die Schmerzen hindurch nahm ich das klackernde Geräusch von Absätzen war, die sich eilig näherten. Wenige Sekunden später erschien Carol in der Küche, die glücklicherweise mein Stöhnen und das Geräusch des herabfallenden Löffels gehört hatte. »Meine Güte! Was ist mit dir, Debbie?«, rief sie erschrocken aus und lief auf mich zu.

»Ich ... ich weiß auch nicht«, brachte ich heraus und stützte mich zitternd auf sie.

Carol schaute an mir herab und ihre Augen weiteten sich. »Oh mein Gott!«

Ich folgte ihrem Blick, und erst jetzt spürte ich die warme Flüssigkeit, die an meinen Beinen hinablief. Auf dem Fußboden hatte sich bereits etwas davon angesammelt.

»Oh«, keuchte ich überrascht. »Meine Fruchtblase ist geplatzt. Schon?« Damit hatte ich überhaupt nicht gerechnet. Durch die Schmerzen war mir nicht in den Sinn gekommen, dass die Krämpfe möglicherweise etwas mit der bevorstehenden Geburt zu tun haben könnten.

»Du musst sofort ins Krankenhaus, Debbie«, sagte Carol in einem Ton, der keine Widerrede duldete.

»Aber ich habe doch noch über einen Monat Zeit, bis Daniel zur Welt kommt«, protestierte ich schwach, während Carol mich schon zu ihrem Wagen führte, um mich zum St. George's Hospital in Port Elizabeth zu fahren. Ich war völlig durcheinander und konnte nicht mehr logisch denken.

Gegen acht Uhr morgens kamen wir im Krankenhaus an. Auf dem Weg dorthin hatte Carol mit ihrem Toyota vermutlich einen neuen Geschwindigkeitsrekord aufgestellt und sämtliche Verkehrsregeln ignoriert. Im Hospital wurde ich als Notfall sogleich in der gynäkologischen Abteilung untersucht.

Der behandelnde Arzt bestätigte meine Befürchtung: Die Fruchtblase war geplatzt.

Der Mediziner legte mir eine Hand auf den Oberarm. »Mrs Meyer, wir müssen Sie zur Beobachtung hierbehalten, um sicherzustellen, dass keine weiteren Komplikationen auftreten. Aber wir kriegen das in den Griff, machen Sie sich keine Sorgen.« Er lächelte mir aufmunternd zu. »So was passiert nicht zum ersten Mal.«

»Herr Doktor, könnten Sie bitte meinem Mann Bescheid sagen?«, fragte ich. »Er denkt doch, ich bin bei der Arbeit.«

Der Arzt versprach mir, sich darum zu kümmern. Eine Schwester rollte ein Bett in den Behandlungsraum, in das ich mich legen sollte. Dann ging es mit einem Fahrstuhl auf die Station, wo ich weiterbehandelt werden sollte. Dort wurde ich an alle möglichen Geräte angeschlossen, die jede kleine Veränderung registrierten und dabei piepsten und surrten. Ich war heilfroh, dass Carol bei mir war und so lange blieb, bis Paul endlich vor meinem Bett stand.

Er griff nach meiner Hand und drückte sie ganz fest. »Was machst du denn für Sachen, Darling? Konntest es wohl wieder nicht abwarten, was?«, sagte er scherzhaft und zwinkerte mir zu.

Ich verzog den Mund zu einem Lächeln. »Ich bin zwar nicht die Geduldigste, aber den Monat hätte ich schon noch Zeit gehabt.«

Paul seufzte.

»Wo ist Ryan?«, wollte ich wissen.

»Bei Oma und Opa. Sie kommen dich später besuchen. Ich wollte erst mal nach dir sehen.«

»Gut.« Ich nickte. Bei dem Gedanken an meinen großen Sohn, der bereits in die Schule ging, schossen mir sogleich die Tränen in die Augen. Paul strich mir mit einer Hand über die Wange. Ihm war mein emotionaler Ausbruch nicht entgangen.

»Und wie lange sollst du jetzt hier liegen?«, wollte er wissen.

Ich zuckte mit den Schultern. »Ich weiß es nicht. Die Ärzte wollen auf jeden Fall medikamentös die Wehen verlangsamen, um die Geburt hinauszuzögern. Daniel hat ja noch einen Monat Zeit. Es wäre einfach zu früh.«

»Die Ärzte werden wissen, was sie tun.« Paul nickte und versprach mir, dafür zu sorgen, dass es mir gut ging. Dann nahm er mich in die Arme. Ich war ihm unendlich dankbar für seinen Zuspruch und dafür, dass er bei mir war. Außerdem glaubte ich ganz fest an das, was er als Nächstes sagte. »Alles wird gut, Debbie. Du wirst schon sehen.«

In regelmäßigen Abständen kamen Schwestern in mein Zimmer, überprüften die Daten der Geräte, an denen ich angeschlossen war, und verließen dann kurze Zeit später wieder den Raum. Ich wusste, dass ich medizinisch in den besten Händen war; trotzdem spürte ich im Laufe des Abends Unruhe in mir aufsteigen. Ich erschrak, als ich an meinen Beinen auf einmal ganz deutlich eine warme Flüssigkeit fühlte, dieses Mal eine viel größere Menge als zuvor im Kosmetiksalon. Ich klingelte sofort nach einer Schwester, die auch gleich kam, binnen weniger Sekunden wieder aus dem Krankenzimmer flitzte und mit einem Arzt zurückkehrte.

»Wir müssen Sie noch einmal untersuchen, Mrs Meyer«, sagte der Mann im weißen Kittel zu mir.

Mein Herz klopfte vor Aufregung mittlerweile wie nach einem Dauerlauf. »Ist es etwas Schlimmes?«, fragte ich ihn ängstlich.

»Wir müssen schauen, wie viel Fruchtwasser Ihrem Kind noch zur Verfügung steht, und dann die weitere Vorgehensweise an die Ergebnisse anpassen. Sorgen Sie sich nicht. Sie sind bei uns gut aufgehoben«, sagte er und begann mit der Ultraschall-Untersuchung. Danach runzelte er die Stirn. »Ich möchte noch einen Kollegen hinzuholen. Moment bitte.«

Wenig später erschien der Chefarzt der Gynäkologie im Behandlungszimmer, ein braungebrannter und schlanker Mann mit schütterem Haar. Er führte die gleiche Untersuchung noch einmal durch, die zuvor der andere Arzt vorgenommen hatte. »Wir sind gleich wieder bei Ihnen, Mrs Meyer«, sagte er dann und verließ mit seinem Kollegen kurz den Raum.

»Keine Angst. Doktor Baldwin ist ein guter Arzt. Er wird dafür sorgen, dass Ihnen und Ihrem Kind nichts passiert«, sagte die blonde Schwester zu mir, die den Ärzten assistierte. »Alles wird gut«, fügte sie aufmunternd hinzu. Da ich diesen Satz heute schon zum wiederholten Male zu hören bekam, entschied ich mich, darauf zu vertrauen, dass es so sein würde. Ich nickte der Krankenschwester zu und schloss dann kurz Augen, um mich etwas zu entspannen.

Einige Minuten später betraten die Ärzte wieder den Raum. Als ich die Augen öffnete, fiel mir sogleich der besorgte Gesichtsausdruck von Dr. Baldwin auf. Seine Stirn zeigte eine tiefe Falte, die ich zuvor nicht bei ihm gesehen hatte. Außerdem konnte ich fühlen, wie sich die Stimmung im Raum verändert hatte. Der Arzt redete zunächst leise mit der Schwester, die daraufhin das Zimmer verließ. Dann kam er zu mir und griff nach meiner Hand.

Mein Herzschlag beschleunigte sich. »Was ist mit mir los, Herr Doktor?«

»Sie haben sehr viel Fruchtwasser verloren. Man könnte auch sagen: Es ist gar keins mehr vorhanden.«

Ich schluckte. In meinem Kopf überschlugen sich die Gedanken. Was war mit meinem Baby? »Was bedeutet das?«

Dr. Baldwin schaute mich ernst an und sagte dann mit ruhiger und klarer Stimme. »Wir müssen Ihr Kind holen. Jetzt.«

Ich riss die Augen auf. »Wie? Jetzt? Aber es ist noch ein Monat ...«

»Kinder kommen eben nicht immer nach Zeitplan«, sagte er beschwichtigend und lächelte mich an, sodass ich für einen Moment beruhigt war. »Das Fruchtwasser ist für Ihr Baby lebensnotwendig. Wenn es fehlt, besteht eine akute Gefahr für das Kind. Verstehen Sie das?«

Ich nickte und atmete tief ein und aus. »Was passiert als Nächstes?«

»Der OP wird gerade für Sie vorbereitet. Wir holen Ihr Baby per Kaiserschnitt.«

»Werde ich bei der Geburt wach sein?«, fragte ich leise. Zum einen freute ich mich darauf, so schnell wie möglich mein kleines Baby in den Armen zu halten. Zum anderen hatte ich schon immer gehörigen Respekt vor Vollnarkosen.

»Leider nicht. Wir müssen den Kaiserschnitt unter Vollnarkose durchführen. Aber machen Sie sich keine Sorgen, ...«

»... alles wird gut«, beendete ich den Satz und wunderte mich selbst über meinen Optimismus in dieser Situation.

»Stimmt genau«, bestätigte Dr. Baldwin.

Danach ging alles ganz schnell. Meine Schwiegermutter, mein Vater und Ryan waren inzwischen im Hospital angekommen und erfuhren zusammen mit Paul von dem bevorstehenden Kaiserschnitt.

Was für ein Tag, dachte ich, als mich die blonde Schwester für die Operation fertig machte. Hätte mir jemand vor vierundzwanzig Stunden gesagt, dass ich heute schon ein Kind zur Welt bringen würde, ich hätte ihn höchstwahrscheinlich ausgelacht und für komplett verrückt erklärt. Natürlich hätte ich die Geburt lieber bei vollem Bewusstsein erlebt, aber das Leben war eben kein Wunschkonzert, und so akzeptierte ich die überraschende Wendung.

»Wir bleiben hier und warten auf dich, Debbie!«, rief mir meine Schwiegermutter nach, als ich im Bett zum OP geschoben wurde. »Du schaffst das!«

Da stand sie, meine Familie. Ich hob kurz die Hand und lächelte ihnen tapfer zu. Dann schlossen sich die automatischen Türen des OP-Trakts und wenig später beförderte mich ein Narkosemittel in einen traumlosen Schlaf.

Das Erste, was ich nach dem Kaiserschnitt wahrnahm, war das monotone Piepsen der Geräte, an die ich angeschlossen war. »Hallo, können Sie mich hören?«, fragte eine weibliche Stimme. »Sie müssen die Augen aufmachen!«

Ich befolgte ihren Rat und blickte auf eine grün gekleidete Frau. »Wissen Sie, wie Sie heißen?«, wollte sie von mir wissen.

»Debbie«, brachte ich hervor. Blöde Frage, dachte ich beduselt. Wieso sollte ich meinen eigenen Namen nicht kennen? Doch dann wurde mir klar, wo ich mich hier befand: Ich lag auf der Intensivstation und hatte mein zweites Kind zur Welt gebracht. Sofort lief mein Gehirn wieder auf Hochtouren. »Mein Kind – ist es gesund?«

»Ihrem Sohn geht es gut. Er ist kerngesund. Wollen Sie ihn sehen?«

Ich nickte und spürte, wie ich auf einmal ganz aufgeregt wurde. Daniel. Gleich würde ich ihn endlich sehen. Die Schwester wandte sich zum Gehen ab, als mir blitzartig ein Gedanke durch den Kopf schoss. »Moment noch!«, rief ich ihr nach.

Sie drehte sich um. »Ja?«

»Mein Baby hat aber keine roten Haare, oder?«, fragte ich. Pauls Haare waren nämlich rot und bei Ryan hatte sich meine Haarfarbe durchgesetzt. Eigentlich mochte ich rote Haare. Doch ich wusste, dass rothaarige Kinder oftmals von anderen Kindern aufgrund ihrer Haarfarbe gehänselt wurden, deswegen wünschte ich mir für Daniel, dass er eher meinen unauffälligen Haarfarbton geerbt hatte.

»Ich hole Ihnen Ihr Baby«, sagte die Schwester.

Nach einigen Minuten hielt ich Daniel zum ersten Mal in den Armen. Ich vergoss ein paar Freudentränen und bedeckte sein kleines Köpfchen immerzu mit Küssen. Vom ersten Moment an war ich bis über beide Ohren in meinen Sohn verliebt. Er war zauberhaft. Einfach perfekt. Trotz der roten Haare.

Zu dem Zeitpunkt wusste ich noch nicht, dass der 21. Februar 1997 der letzte Tag in meinem Leben sein würde, an dem ich mir über eine Banalität wie rote Haare Gedanken machen würde. Ich hatte nicht den Hauch einer Ahnung davon, was auf mich zukommen würde. Aber eins spürte ich von der ersten Sekunde an: Daniel war ein ganz besonderes Kind.

2

Blaue Lippen

Meine Enttäuschung darüber, dass ich während Daniels Geburt in einer Vollnarkose gelegen hatte, nagte an mir. Schließlich gehörte es sich doch für eine gute Mutter, bei wichtigen Ereignissen im Leben ihres Kindes gegenwärtig zu sein und nicht durch Abwesenheit zu glänzen – schon gar nicht bei der Geburt. Doch meine Unzufriedenheit darüber verflog relativ schnell, als ich kurz darauf auf ein normales Stationszimmer verlegt wurde, wo schon meine Familie auf mich wartete.

»Überraschung!«, rief mein Vater und wedelte mit seiner Videokamera vor meinem Gesicht hin und her.

Zuerst wusste ich nicht, was dieses Theater sollte, doch dann begriff ich, und meine Augen weiteten sich. »Nein, Daddy! Sag jetzt nicht, dass du die Geburt gefilmt hast!«, rief ich ungläubig, aber hoffnungsvoll.

»Und ob.« Er strahlte mich an. »Ich konnte doch nicht zulassen, dass du Daniels Geburt verschläfst.«

Ein Knaller! Ich wäre ihm am liebsten vor Freude um den Hals gefallen. Das liebte ich so sehr an meiner Familie: Wir waren immer füreinander da und kannten uns in- und auswendig. Der eine kümmerte sich immer um den anderen. Das war eine Selbstverständlichkeit. Sogar dann, wenn derjenige im künstlichen Tiefschlaf lag und keine Wünsche mehr äußern konnte.

»Die Aufnahme kannst du dir in Ruhe anschauen, wenn du mit Daniel wieder zu Hause bist«, sagte er gut gelaunt und stemmte die klobige Kamera mit einer Hand wie eine Hantel nach oben. In den 90er-Jahren war dies beinahe ein kleines Work-out, da die Geräte damals eine beachtliche Größe und ein entsprechendes Gewicht hatten.

»Ein Glück, dass wenigstens du Blut sehen kannst«, sagte ich zu meinem Vater. »Es gibt ja so einige Leute, die da zarter besaitet sind«, meinte ich und bedachte meinen Mann, der bereits beim Anblick eines Blutstropfens käsig um die Nase wurde, mit einem gespielt genervten Seitenblick.

Paul zuckte die Schultern. »Ich habe eben eine Blutallergie«, konterte er scherzhaft. »Nur deshalb bin ich ja auch kein Chirurg geworden.«

»Mama, wo ist denn Daniel?«, fragte nun mein ältestes Kind ungeduldig. Ryan brannte geradezu darauf, endlich seinen kleinen Bruder sehen zu dürfen.

Ich klingelte nach einer Schwester, die mir kurz darauf mein neugeborenes Baby in den Arm legte. Mein Vater schaltete sofort wieder seine Videokamera ein und filmte die erste Familienzusammenkunft mit Daniel – ohne dabei zu vergessen, uns Regieanweisungen zu geben.

»Oh, was für ein süßes Baby«, sagte meine Schwiegermutter, wobei ihre Augen verdächtig glänzten. Sie verliebte sich offenkundig sofort in ihren Enkel, so wie es mir zuvor ebenfalls ergangen war. Meine Schwiegermutter strich ihm sanft über den roten Flaum, der sein Köpfchen bedeckte, und hauchte ihm einen Kuss auf die Stirn. »Hallo, Daniel. Ich bin deine Oma.«

»Die Haare hat er von mir«, verkündete Paul aufgeregt das Offensichtliche und war sichtlich stolz auf seinen jüngsten Sohn. »Und kerngesund ist er obendrein. Das wird mal ein richtiger Champion. Einen Kämpfer erkenne ich auf den ersten Blick.«

Dann beugte Ryan sich über seinen kleinen Bruder. Er sagte kein Wort, zog stattdessen seine Nase kraus und schien angestrengt zu überlegen.

»Was hast du denn, Ryan?«, wollte ich wissen.

»Hm, also, irgendwie sieht Daniel komisch aus?«

»Wie meinst du das? Wieso sieht er denn komisch aus?« Ich bedachte mein Baby sogleich mit einem prüfenden Blick, obwohl ich von den Ärzten wusste, dass Daniel quietschfidel war und es überhaupt keinen Grund zur Besorgnis gab. Doch das war vermutlich bloß der normale Mutterinstinkt, der Wunsch, das Baby zu beschützen.

»Er sieht ziemlich verschrumpelt aus, findest du nicht? Fast wie eine Rosine aus meinem Müsli. Bleibt das jetzt für immer so? Habe ich dann einen Schrumpel-Bruder?«, fragte mein Sohn und blickte besorgt drein. Er schien sich wirklich große Sorgen um sein Brüderchen zu machen.

Ich wusste nicht, ob ich meinem inneren Impuls nachgeben und schallend loslachen sollte oder es meine mütterliche Pflicht war, meinem Ältesten zu erklären, dass Babys nach der Geburt durchaus auch übergangsweise verschrumpelt aussahen. Ich schaute hilfesuchend zu meinen umstehenden Familienangehörigen, die ebenfalls verzweifelt gegen das Lachen ankämpften. Das gab mir dann den Rest. Ich lachte laut los und meine Familie stimmte mit ein. Ryan verstand zuerst überhaupt nicht, worüber wir uns so köstlich amüsierten. Er schaute sein Schrumpel-Brüderchen die ganze Zeit mitleidig an und brachte uns dadurch nur noch mehr zum Lachen. Nachdem wir uns alle wieder beruhigt hatten, erklärte ich ihm schließlich, dass Daniel schon bald nicht mehr schrumpelig aussehen würde und dass er sich keine Sorgen um seinen kleinen Bruder machen müsse.

Am nächsten Morgen brachte mir eine Säuglingsschwester mein Baby, damit ich ihm die Brust geben konnte. Dies tat ich seit Daniels Geburt alle paar Stunden, je nachdem, wann sich bei meinem Sohn der Hunger meldete.

»So, da ist der kleine Daniel wieder.« Die Schwester lächelte mich an und legte mir meinen Jungen in die Arme. Ein paar Minuten nachdem ich ihn zu stillen begann, bemerkte ich plötzlich, dass mein Baby stark schwitzte. Ich fuhr mit meiner Hand über seine feuchte Haut. Das fand ich merkwürdig. Weder war der Kleine zu dick angezogen, noch konnte ich etwas anderes Ungewöhnliches an ihm feststellen, das ein starkes Schwitzen hätte auslösen können. Ich überlegte kurz, wie es damals bei Ryan gewesen war. Doch ich konnte mich an keine Situation beim Stillen erinnern, bei der er so extrem geschwitzt hatte, dass ich ihm das Gesichtchen abtupfen musste. In mir breitete sich ein ungutes Gefühl aus. Vielleicht reagierte ich über, weil ich haargenau auf jede Kleinigkeit achtete, versuchte ich mich zu beruhigen. Doch mein Instinkt funkte nachdrücklich, dass hier etwas nicht stimmte. Und die Signale wurden immer stärker, je mehr ich versuchte, sie mit

Logik zu übertönen. Schließlich klingelte ich wieder nach der Schwester und schilderte ihr zuerst meine Beobachtungen, bevor ich ihr die glänzende Stirn meines Babys zeigte.

»Das muss sich die Hebamme mal ansehen«, sagte sie und kam bald mit Mrs Paige, der Geburtshelferin, im Schlepptau zurück in mein Zimmer. Mrs Paige war eine stämmige Frau mit einer praktischen Kurzhaarfrisur, die gleichzeitig auch als Gynäkologin praktizierte.

»Was ist denn mit Ihrem kleinen Daniel, Mrs Meyer?« Sie setzte sich zu mir ans Bett und blickte mich dabei freundlich an.

»Mein Sohn schwitzt ziemlich stark«, erklärte ich ihr aufgewühlt. »Ich finde das merkwürdig.«

»Lassen Sie mich mal sehen.« Die Hebamme blickte prüfend auf mein Kind. »Ich vermute, dass es lediglich daran liegt, dass Sie das Baby nicht richtig halten. Machen Sie sich keine Sorgen«, beschwichtigte sie mich und zeigte mir, wie ich Daniel beim Stillen besser halten sollte.

Danach verließen die beiden Frauen wieder den Raum und ich beruhigte mich etwas. Doch das merkwürdige Bauchgefühl blieb. Wieso hatte denn Ryan damals beim Stillen nicht so geschwitzt? Ihn hatte ich zu jener Zeit doch auch nicht richtig gehalten. Theoretisch hätte er doch genau wie Daniel glänzen müssen, als ich ihm die Brust gab. Ich wollte ganz bestimmt nicht die Kompetenz von Mrs Paige anzweifeln, und natürlich vertraute ich ihr, immerhin war sie eine Fachfrau, doch meine inneren Alarmglocken schrillten nach wie vor in meinen Ohren. Irgendetwas stimmte hier nicht.

Ich schloss kurz die Augen und schüttelte den Kopf. Bekamen frischgebackene Mütter nach der Geburt eigentlich öfters solche Anwandlungen? Eine Art Mutter-Koller vielleicht? Fast musste ich über mich selbst lachen, doch dann fielen mir auf einmal Daniels blaue Lippen auf, mit denen er an meiner Brust saugte. Das war alles andere als normal und für mich die eindeutige Bestätigung, dass ich meinen Mutterinstinkten zu hundert Prozent trauen konnte! Vielleicht sogar mehr als den Aussagen der Hebamme oder eines Arztes. Sofort klingelte ich erneut nach der Schwester und verlangte dieses Mal direkt nach einem Kinderarzt, der sich mein Baby ansehen sollte.

Ich musste nicht lange warten, bis der Kinderarzt das Stationszimmer betrat. Er war mittelgroß und trug eine Nickelbrille. Der weiße Kittel spannte etwas über seinem Bauch, weswegen er die unteren Knöpfe offen ließ – jedenfalls vermutete ich das.

»Wie lange sind seine Lippen schon blau?«, fragte er mich mit einer angenehm ruhigen Stimme, als er Daniel begutachtete.

»Ich ... ich weiß nicht genau. Mir ist es erst vor ein paar Minuten aufgefallen«, sagte ich aufgeregt. »Davor war er schon verschwitzt. Die Hebamme meinte, es liege daran, dass ich ihn nicht richtig halte.« Ich fühlte mich mit einem Mal hilflos und starrte wie gebannt auf jede Gesichtsregung des Arztes, als er sich die Hörer seines Stethoskops in die Ohren steckte und mein Baby abhörte. Ich wagte kaum zu atmen aus Angst, zu laute Geräusche zu machen. Stattdessen verspannte ich mich am ganzen Körper und spürte, wie sich mein Herzschlag beschleunigte.

Nach einer Weile hängte sich der Kinderarzt das Stethoskop wieder zurück um den Hals und schaute mich mit ernstem Gesichtsausdruck an. »Wir müssen Daniel beim Kardiologen vorstellen, Mrs Meyer.«

»Oh Gott! Warum das?« Ich griff mir mit einer Hand an mein Herz, das nach wie vor kräftig schlug. Mittlerweile allerdings so schnell, als hätte ich einen Marathonlauf absolviert. »Was haben Sie gehört?«

»Ich bin mir nicht sicher, Mrs Meyer. Deswegen brauche ich die fachliche Aussage eines Kardiologen, um sichergehen zu können.«

Das hörte sich nicht gut an. Ganz und gar nicht gut. Ich spürte wie die Angst durch meinen Körper kroch und sich ein dicker Kloß in meiner Kehle bildete, den ich nicht hinunterschlucken konnte. Mir war klar, dass der Kinderarzt keine sichere Diagnose stellen konnte, sonst würde er mich mit Daniel nicht zu einem Kardiologen schicken. Trotzdem musste ich unbedingt erfahren, welchen Verdacht er hatte. »Bitte sprechen Sie offen mit mir, Herr Doktor. Was glauben Sie, was mit meinem Baby nicht stimmt?«, fragte ich mit zitternder Stimme.

»Es ist wie gesagt bloß eine Mutmaßung. Keine unumstößliche Beurteilung der Gesundheit Ihres Kindes. Deswegen möchte ich die Diagnose eines Kardiologen hinzuziehen. Vielleicht liege ich auch völlig falsch, denn ich habe ein anderes Fachgebiet«, holte der Arzt erklärend aus.

»Herr Doktor, bitte ...«, sagte ich leise, während ich Daniel im Arm hielt.

»Die Herztöne Ihres Kindes gefallen mir nicht, Mrs Meyer. Dann das starke Schwitzen und die blauen

Lippen. Meine Vermutung ist, dass Ihr Baby eventuell ein Loch im Herzen haben könnte.«

»Bitte was?«, fragte ich schockiert. In meinem Kopf stolperten unzählige Gedanken übereinander. Ich konnte die gestrige Aussage, ein kerngesundes Kind zur Welt gebracht zu haben, nicht mit der heutigen Vermutung zusammenbringen. Wie konnte mein Baby am Tag zuvor gesund sein und heute angeblich ein Loch im Herzen haben?

»Es ist nur eine Vermutung, Mrs Meyer. Ich werde Sie sofort beim Kinderkardiologen in unserem Krankenhaus anmelden. Nach der Untersuchung haben wir dann Klarheit. Es kann alles auch ganz harmlos sein.«

Ich war durch die Aussage des Kinderarztes so schockiert, dass ich leicht fröstelte. Als der Arzt das Zimmer verlassen hatte, zog ich mir meine leichte Strickjacke über, die auf einem Stuhl neben meinem Bett bereitlag. Dabei wiegte ich unablässig mein Baby. Ich sollte warten, bis man mich und Daniel abholte, hatte der Arzt zu mir gesagt. Erstaunlicherweise musste ich nicht lange warten, bis mich eine Stationsschwester bat, mit ihr zu kommen. Ich hatte noch nicht einmal Zeit gehabt, jemanden aus meiner Familie über die neuesten Ereignisse zu informieren. Dafür ging alles viel zu schnell. Ich war mir nicht sicher, ob das nun ein gutes oder ein schlechtes Zeichen war. Einerseits war es natürlich positiv, so schnell beim Kinderkardiologen vorstellig zu werden. Andererseits konnte dies aber auch bedeuten, dass es wirklich nicht gut um Daniels Gesundheit stand und wir deshalb keine Zeit zu verlieren hatten.

Die Krankenschwester begleitete mich und Daniel in die Kinderkardiologie, wo ich vor dem Behandlungszimmer auf einem Plastikstuhl im Flur Platz nahm. Neben der Tür prangte ein Schild. *Edward Williams*, Kinderkardiologe, las ich. So hieß also der Mann, der gleich entscheiden würde, ob Daniel völlig gesund oder todkrank war. »Einen Moment bitte. Es wird nicht lange dauern«, sagte die Krankenschwester. Sie klopfte an die Tür des Zimmers und verschwand dann darin.

Obwohl es sicherlich nur Sekunden gewesen waren, die ich warten musste, kamen sie mir vor wie Stunden. Schon erstaunlich, wie viele Horror-Szenarien das menschliche Gehirn innerhalb kürzester Zeit vor dem inneren Auge ablaufen lassen kann.

Die Tür öffnete sich wieder. »Sie können reinkommen.« Die Schwester hielt mir die Tür auf. Als ich eintrat, hatte ich schreckliche Angst davor, Mr Williams könnte die Vermutung des Kinderarztes bestätigen. Daniel durfte nicht krank sein. Er war doch noch so klein. Sein Leben hatte noch gar nicht begonnen. Nein, Daniel hatte ein Recht darauf, gesund zu sein, so wie andere Kinder auch, beschloss ich.

Der Kardiologe bat mich, vor seinem Schreibtisch Platz zu nehmen. »Wir werden bei Daniel ein Herzecho machen. Das ist eine Ultraschalluntersuchung des Herzens, womit eine Herzerkrankung diagnostiziert oder eben entkräftet werden kann. Ihr Kind wird davon nichts spüren. Es ist absolut schmerzfrei«, beantwortete der Arzt meine dringlichsten Fragen.

Die Untersuchung fand in einem Nebenzimmer statt. Ich legte mein Baby auf eine Art Liege, dann setzte der Kinderkardiologe einen Ultraschallkopf auf Daniels Brustkorb, direkt über seinem Herzen. Der Kleine verhielt sich dabei ganz ruhig, als wüsste er, wie wichtig diese Untersuchung war. Ich war trotz der Aufregung mächtig stolz auf mein Kind. Auf einem Monitor erschienen Bilder, die seine Herzstrukturen zeigten. Dr. Williams machte während der Untersuchung ein paar Ausdrucke. Dabei beobachtete ich ihn aus den Augenwinkeln, versuchte aus seinem Gesicht abzulesen, ob alles mit meinem Kind in Ordnung war – was mir allerdings nicht gelang.

Nach der Ultraschalluntersuchung setzte ich mich mit Daniel auf dem Arm wieder vor Dr. Williams' Schreibtisch und wartete. Der Kardiologe war im Nebenraum geblieben, um die Aufnahmen auszuwerten. Kurz darauf setzte er sich mir gegenüber. Sofort klopfte mein Herz wieder schneller. Ich hielt Daniel fest an mich gedrückt. Nun würde ich das Ergebnis der Untersuchung erfahren. Dr. Williams schaute mich ernst an. Ich hatte den Eindruck, dass er nicht recht wusste, was er sagen sollte. Dann holte er tief Luft und machte mit einem Arm eine große Bewegung. »Ich bin Arzt geworden, um Menschenleben zu retten, Mrs Meyer. Meistens macht mir meine Arbeit große Freude. Besonders dann, wenn ich Krankheiten heilen und Leben verlängern kann. Aber es gibt auch Tage, da würde ich viel lieber Koch sein, Autoverkäufer oder Lehrer. Und gerade jetzt ist wieder ein Moment, in dem es mir schwerfällt, meinen Beruf zu lieben.« Er griff über den Tisch nach meiner Hand und sah mir dabei fest in die Augen. »Mrs Meyer, Sie haben mit Ihrem Sohn einen langen Weg vor sich. Daniel hat nur ein halbes Herz. Die linke Herzseite ist ausgebildet. Die rechte fehlt komplett«, stellte er die furchtbare Diagnose.

3

Nur ein halbes Herz

Nach der Diagnose von Dr. Williams stand ich unter Schock – und zwar richtig! Ich hatte mit vielem gerechnet, aber nicht damit, dass mein Kind nur ein halbes Herz hatte. Ehrlich gesagt, wusste ich bis zu dem Zeitpunkt gar nicht, dass ein Lebewesen mit einem halben Herzen überhaupt existieren konnte. Diese Information war zwar bei mir angekommen, aber ich konnte einfach nicht begreifen, dass meinem armen Baby eine komplette Herzhälfte fehlte. Der Gedanke daran war für mich einfach unvorstellbar und ließ mich starr auf dem Stuhl vor Dr. Williams' Schreibtisch sitzen. Ich war weder fähig, mich zu rühren, noch zu sprechen. Ich schaute einfach nur fassungslos den Kinderkardiologen an, der mir wenige Sekunden zuvor die Hiobsbotschaft überbracht hatte, die mein ganzes Leben von einem Moment zum anderen verändert hatte. Nichts war mehr so wie vor der Untersuchung. Und es würde auch nie mehr so sein. Dessen war ich mir bewusst, und es machte mir eine höllische Angst. Wie sollte es denn jetzt weitergehen?

»Holen Sie doch bitte ein Glas Wasser für Mrs Meyer«, hörte ich den Arzt sagen. Seine Stimme schien von sehr weit her zu kommen. Ich fühlte mich wie in einem Nebelsee und nahm meine Umwelt nur stark reduziert wahr. Die Krankenschwester stellte ein Glas Wasser vor mir auf den Tisch. Als ich keine Anstalten machte, danach zu greifen, drückte sie es mir einfach in die freie Hand. »Trinken Sie etwas. Das wird Ihnen guttun«, forderte sie mich auf.

Ich tat, wie mir geheißen, und führte das Glas an den Mund, wobei meine Hand so stark zitterte, dass ich etwas von dem Wasser verschüttete. In kleinen Zügen trank ich von der kühlen Flüssigkeit und mit jedem Schluck wurde mein Kopf klarer. Schließlich stellte ich das leere Glas zurück auf den Tisch. »Noch eins, bitte«, sagte ich zu der Krankenschwester, die sogleich verschwand, um mir mehr Wasser zu bringen.

»Ich weiß, das ist ein großer Schock für Sie. Aber es ist nicht das Ende. Sie dürfen Ihr Kind jetzt nicht aufgeben. Sie müssen stark sein und um das Leben von Daniel kämpfen«, sagte Dr. Williams eindringlich zu mir.

»Ich habe nicht vor, aufzugeben, Herr Doktor. Wie könnte eine Mutter das eigene Kind aufgeben?«, antwortete ich trotz meiner Fassungslosigkeit mit fester Stimme. Im Nachhinein schiebe ich meine scheinbare Gefasstheit auf die extreme Ausnahmesituation, in der ich mich zweifelsfrei befand. Manche Menschen brechen in solchen Momenten komplett zusammen, manche funktionieren unter außerordentlichem psychischem Stress zuverlässig wie ein Schweizer Uhrwerk. Ich gehörte anscheinend zu diesen Zahnrädern.

»Das freut mich sehr zu hören.« Dr. William nickte mir aufmunternd zu.

»Wie lange wird mein Kind leben?«, stellte ich die alles entscheidende Frage, obwohl es mir vor der Antwort graute. Was sollte ich tun, wenn Daniels Lebenserwartung bei weniger als einem Jahr lag? Wie sollte ich damit umgehen oder besser: Konnte ich damit überhaupt umgehen?

Dr. Williams fuhr sich mit einer Hand übers Kinn. »Das ist schwer zu beantworten. Im Grunde genommen kann Ihnen das niemand genau sagen«, gab er zu.

»Aber Daniel wird doch seinen ersten Geburtstag erleben?«, fragte ich angstvoll.

»Wenn unsere Behandlungen gut anschlagen, dann bestimmt«, beruhigte er mich.

»Und wenn alles gut läuft? Ich meine, im optimalen Fall? Wie alt kann mein Sohn dann werden?«

Dr. Williams schaute sich erneut die Aufnahmen von Daniels Herzen an, die vor ihm auf dem Tisch lagen. »Die höchste Lebenserwartung für Ihren Sohn würde ich auf zwanzig Jahre schätzen.«

Zwanzig Jahre, dachte ich und atmete erleichtert aus. Das hörte sich doch schon wesentlich besser an. Und wer wusste schon, was in den nächsten zwanzig Jahren alles passieren würde, wie weit die Forschung dann war? Vielleicht verdoppelte sich bis dahin die Lebenserwartung meines Babys. »Gut. Dann gehen wir die nächsten zwanzig Jahre mal an«, sagte ich gefasst.

»Ich werde gleich eine medikamentöse Therapie für Ihren Sohn anordnen.«

Als ich Daniel zur Säuglingsstation gebracht hatte, kehrte ich zurück in mein Zimmer. Doch während ich auf mein Bett zulief, fühlten sich meine Knie plötzlich weich wie Wackelpudding an. Ich ließ mich auf das Krankenbett fallen und rollte mich schluchzend zu einer Kugel ein. Meine Gefasstheit fiel ebenfalls in sich zusammen. Nun war er doch noch gekommen, der Zusammenbruch. Ich war eben auch nur ein Mensch, dachte ich. Vor allem war ich aber eins: Mutter. Ich griff zu dem Telefon, das auf dem Nachttisch stand, und rief meine Schwiegermutter an, die mich und Daniel an diesem Tag besuchen wollte. Tränenerstickt berichtete ich ihr von Daniels blauen Lippen, seinem Schwitzen und von der Untersuchung beim Kardiologen. Als ich zu der Stelle kam, an der Dr. Williams mir die Diagnose mitgeteilt hatte, brauchte ich vier Anläufe, bis ich das Untersuchungsergebnis über die Lippen brachte, ohne dass meine Stimme wegbrach.

Meine Schwiegermutter weinte ebenfalls am anderen Ende der Leitung. »Aber wie konnte das bloß passieren?«, fragte sie und brachte mich damit ins Grübeln. Als wir aufgelegt hatten, trat ich an das große Fenster des Krankenzimmers. Ich schaute hinaus, ohne irgendetwas wahrzunehmen. Meine Gedanken ratterten unaufhörlich um diese eine Frage, die mir meine Schwiegermutter gestellt hatte. Wie konnte das bloß passieren? Trug ich am Ende sogar die Verantwortung für Daniels Krankheit? Hatte ich einen Fehler gemacht?

Pauls Mutter hatte versprochen, sofort zu mir und Daniel zu kommen. Zuvor hinterließ sie meinem Mann noch eine Nachricht auf der Arbeit, dass er nach der Schicht direkt ins Krankenhaus fahren sollte. In diesen schweren Stunden war ich unendlich froh über die praktische, aber vor allem moralische Unterstützung, die ich durch meine Familie erfuhr.

Für meinen Mann Paul war die Diagnose ebenfalls ein großer Schock. Paul war ein gestandener Mann, den normalerweise nichts so schnell aus der Bahn warf. Ich hatte ihn noch nie zuvor weinen sehen. Er war kein besonders emotionaler Mensch. Doch nun heulte er wie ein Schlosshund und schämte sich seiner Tränen nicht, als ich ihm erzählte, dass unser Baby nur ein halbes Herz hatte.

»Ich werde dich und Daniel bei allem unterstützen, was auch kommen mag. Wir stehen das gemeinsam durch. Dafür sind wir eine Familie«, versprach mir Paul und küsste mich auf die Stirn.

»Ja, das sind wir«, antwortete ich ihm dankbar. Es tat so gut, diese Worte zu hören, und ich glaubte fest an jedes einzelne von ihnen.

Am gleichen Tag fing für Daniel im Krankenhaus eine Medikamententherapie an. Die Ärzte beobachteten genau, wie mein Baby auf die Arzneien reagierte, und nach vierzehn Tagen durften wir schließlich, zur großen Erleichterung unser aller, nach Hause. Die Ärzte glaubten, dass Daniels weitere Behandlung auch ambulant möglich wäre.

Dies war ein sehr glücklicher Tag für mich, denn er vermittelte mir den Eindruck von etwas Normalität. Obwohl natürlich nichts normal war. Wie sollte dies auch möglich sein mit einem Kind, das nur ein halbes Herz hatte? Trotzdem fühlte es sich für mich wie ein großer Fortschritt an, das Krankenhaus gemeinsam mit meinem Sohn verlassen zu dürfen. Zwei Wochen in einem Hospital sind schon unter erträglicheren Umständen furchtbar und vor allem anstrengend. Die Zeit vergeht einfach nicht, weil sich alles wiederholt. Die Tage fühlen sich durch die routinierten, immer wiederkehrenden Abläufe endlos an, und man hat das Gefühl, ewig auf der Station gefangen zu sein. Doch damit war jetzt Schluss. Endlich.

Beim Betreten unseres schönen Hauses fühlte ich mich mit einem Mal wie befreit, als würde eine zentnerschwere Last von mir abfallen. Endlich wieder zu Hause. Endlich kein steriler Krankenhausgeruch mehr und keine surrenden und piepsenden Geräte, mit denen mein Sohn überwacht wurde.

Ich erinnere mich noch genau an Daniels ersten Abend in seinem eigenen Kinderbettchen. Dieses friedliche Bild hat sich für immer in mein Gedächtnis und in mein Herz gebrannt. In diesem Moment war ich fast so glücklich, als hätte es die niederschmetternde Diagnose nie gegeben. Irgendwie glaubte ich sogar an ein Happy End. Ich weiß, das hört sich ziemlich naiv an, aber ich bin eben eine hoffnungslose Romantikerin und brauchte die Gewissheit, dass am Ende alles gut werden würde. Und wenn am Ende nicht alles gut war, dann war es bekanntlich noch nicht das Ende. Ich war jedenfalls nicht bereit, an dieser Lebenseinstellung zu zweifeln. Nicht jetzt und auch zukünftig nicht. Sollte kommen, was wolle.

Ich hatte mir fest vorgenommen, trotz der belastenden Situation durch Daniels Herzerkrankung den Alltag mit der Familie so normal wie möglich fortzuführen. Dies war ich schon Ryan schuldig, der als gesundes und älteres Kind ohnehin zwangsläufig zu kurz kommen würde, darüber war ich mir im Klaren. Das ließ sich unter diesen Umständen einfach nicht vermeiden. Jedoch wollte ich mein ältestes Kind so wenig wie möglich davon spüren lassen. Also machte ich Ryan morgens wie immer für die Schule fertig und bereitete Frühstück vor. Daniel fütterte ich alle drei Stunden und gab ihm die verordneten Medikamente, wie es die Ärzte festgelegt hatten. Gleichzeitig führte ich den Haushalt weiter. Ich kochte, putzte, wusch die Wäsche und stellte sicher, dass der Kühlschrank stets gefüllt war. Nachmittags schaute ich nach Ryans Schulaufgaben, brachte ihn zum Sportverein oder zu Freunden, mit denen er zum Spielen verabredet war. Nebenher kümmerte ich mich um meinen Mann, so wie ich es all die Jahre zuvor getan hatte. Die einzige Veränderung, die sich durch Daniels Krankheit ergab, betraf meine Arbeit im Kosmetiksalon, die ich vorläufig einstellte. So leid mir dieser Schritt auch tat, er war notwendig, um mich intensiv um mein krankes Baby kümmern zu können.

4

Was tun?

Zuerst lief alles ganz gut, und es hatte den Anschein, als hätte sich eine Art Alltag in unserem Leben eingestellt. Das Einzige, was mich beunruhigte, war Daniels Verhalten. Der Kleine weinte den lieben langen Tag und ich hatte das Gefühl, es wurde immer schlimmer.

»So geht das nicht weiter. Daniel weint fast ununterbrochen, und das schon seit fast fünf Monaten«, sagte ich zu meiner Schwiegermutter, die am Morgen mit meiner Schwester Ute zu Besuch gekommen war, um mit mir die letzten Details für Daniels Taufe am nächsten Tag zu besprechen. Wir standen zu dritt in unserer großen Wohnküche, ich hielt mein Baby auf dem Arm und versuchte vergeblich, es zu beruhigen.

»Vielleicht hat er Hunger?«, überlegte meine Schwiegermutter und bereitete daraufhin ein Fläschchen für Daniel vor.

Ich glaubte nicht daran, dass mein Baby Hunger hatte. Zu oft hatte ich schon mit einem Fläschchen probiert, ihn zu beruhigen, was jedes Mal nur dazu geführt hatte, dass der Kleine sich übergab.

»Gibst du ihn mir?«, fragte mich meine Schwester.

Ich legte Daniel in die Arme seiner Tante, die ihm den Sauger an die Lippen hielt. Doch kaum hatte mein Baby ein paar Schlucke getrunken, übergab er sich auf ihren Oberkörper und schrie wie am Spieß.

»Das ist wirklich nicht normal«, sagte Ute und wiegte Daniel in ihren Armen, um ihn zu beruhigen.

Ich nahm ihr mein Baby ab und reichte ihr einen feuchten Lappen und Küchentücher, damit sie sich säubern konnte.

»Hast du das dem Kinderarzt mal gesagt?«, fragte meine Schwiegermutter, obwohl sie die Antwort bereits kannte.

»Dem Kinderarzt? Du meinst wohl ›den Kinderärzten‹. Wir waren bei mindestens zehn verschiedenen«, antwortete ich und strich meinem Sohn beruhigend über den Rücken. Ich fühlte mich so hilflos, denn alles, was ich tun konnte, war zuzusehen, wie sich mein geliebtes Kind quälte. Ich konnte ihm nicht helfen. Ich wusste nicht wie. Wie sollte ich auch, wenn nicht einmal die Kinderärzte einen Rat wussten?

»Und was haben die Ärzte gesagt?«, erkundigte sich meine Schwester.

»Nichts.« Ich zuckte die Schultern. »Sie konnten nichts finden. Die letzte Ärztin hat sogar offen zugegeben, wie ratlos sie war, weil sie keine klare Ursache für Daniels Symptome benennen konnte.«

Meine Schwiegermutter schüttelte den Kopf und schaute unglücklich drein. »Das ist wirklich schlimm. Meine Güte, wie soll das nur morgen bei der Taufe werden? Es soll doch ein schöner Tag werden.«

»Wieso? Morgen gibt es perfektes Juniwetter«, entgegnete ich sarkastisch. »Deinen schönen Tag kriegst du also.«

»Ach, Debbie! Als würde ich das meinen ... du und dein schwarzer Humor! Also wirklich!«

»Sorry, Schwiegermama. Manchmal bleibt mir einfach nichts anderes übrig, als einen Witz zu machen. Auch wenn er nicht immer ganz passend ist«, sagte ich entschuldigend und streichelte Daniels Kopf. Die kreisenden Bewegungen meiner Hand beruhigten ihn ein wenig. Seine Schluchzer wurden weniger und irgendwann war er auf meinem Arm eingeschlafen.

Für Daniels Taufe am nächsten Tag hatten wir uns eine deutsche evangelische Kirche in Port Elizabeth ausgesucht. Neben unserer Familie waren auch viele Freunde und Nachbarn eingeladen, die alle gekommen waren, um der feierlichen Zeremonie beizuwohnen. Ich war schon immer ein gläubiger Mensch gewesen, und deshalb war es für mich besonders wichtig, dass dieser christliche Ritus vollzogen wurde und mein Kind dadurch in die evangelische Gemeinde aufgenommen wurde und Gottes Nähe spüren konnte. Außerdem war ich davon überzeugt, die Zeremonie würde ihm zusätzliche Sicherheit geben, weil auch Gott danach seine Hände schützend über Daniel ausbreiten würde.

Sobald Daniel am Tag seiner Taufe aufgewacht war, fing er wieder an zu weinen. Ich fütterte ihn und er erbrach sich wieder mal auf meiner Schulter, während ich versuchte, ihn zu beruhigen. Es war immer das Gleiche, und manchmal fragte ich mich, ob es nicht besser wäre, wenn er nicht gefüttert würde, damit er sich das anstrengende Erbrechen sparen konnte. Aber das ging natürlich auch nicht. Wie sollte mein Kind sonst existieren? Daniel spuckte zwar die meiste Nahrung wieder aus, doch verblieb so wenigstens ein kleiner Teil in seinem Körper, von dem er zehren konnte. Es fühlte sich für mich wie ein Teufelskreis an, aus dem ich keinen Ausweg fand. Abends betete ich oft zu Gott und bat ihn darum, mir zu helfen, einen Kinderarzt zu finden, der die Ursache für Daniels Erbrechen finden und ihn heilen würde. Ich glaubte immer noch ganz fest daran, dass wir diesen Arzt mit Gottes Hilfe ausfindig machen würden.

Auf der Fahrt zur Kirche weinte mein Baby ohne Unterlass. Ich tupfte ihm die Tränen mit einem Taschentuch ab und redete beruhigend auf ihn ein. Er sah einfach zauberhaft aus in seinem Taufkleidchen. Fast wie ein Engel.

In der Kirche wurden wir schon vom Pastor und den eingeladenen Gästen erwartet. Der Altarbereich war festlich mit Blumen und großen brennenden Kerzen geschmückt. Davon ließ sich Daniel allerdings nicht beeindrucken. Er weinte während der gesamten Zeremonie ununterbrochen. Besonders als der Pastor beim Taufakt seinen Kopf mit Wasser benetzte, schrie mein Baby wie am Spieß. Einerseits war ich völlig gerührt von der Tatsache, dass mein Kind nun in die christliche Gemeinschaft aufgenommen war, andererseits zerriss es mir fast das Herz, den kleinen Mann so leiden zu sehen. Um Daniel nach der ›Wassertaufe‹ wieder etwas zu beruhigen, wurde er von Arm zu Arm gereicht. Allerdings wurde sein Weinen dadurch nicht besser, im Gegenteil.

Je länger mein Kind weinte, umso mehr spürte ich, wie sich ein starkes Gefühl von Verzweiflung in mir ausbreitete. Dies führte dazu, dass ich nachts keine Ruhe mehr fand und in die Dunkelheit lauschte, ob mein Sohn wieder zu weinen anfing. Was konnte ich bloß tun, damit es meinem Kind besser ging? Was stand überhaupt in meiner Macht? Ich war seine Mutter – war es da nicht meine Pflicht, eine Lösung für ihn zu finden? Ich durfte nicht aufgeben und musste weiter nach dem passenden Arzt suchen. Das war ich meinem Baby schuldig.

Am nächsten Tag rief ich bei einer Gemeinschaftspraxis von Kinderärzten an, um einen Termin auszumachen. Der elften Praxis innerhalb weniger Monate. Wir hatten Glück und durften sogar am selben Morgen noch in die Arztpraxis kommen. Nach einer kleinen Wartezeit wurden wir aufgerufen. Dr. White war für uns zuständig, ein ziemlich junger Kinderarzt, der vermutlich erst vor nicht allzu langer Zeit die Universität verlassen hatte. Ich war mir nicht sicher, ob jung und dynamisch das Richtige für uns war oder ob wir nicht besser bei einem älteren und erfahrenen Arzt aufgehoben gewesen wären.

»Was hat Ihr Kind für Beschwerden?«, fragte der junge Arzt mich.

Ich legte ihm die bisherigen ärztlichen Befunde vor und erzählte ihm die wichtigsten Details der letzten Monate. Er hörte mir konzentriert zu und schaute dabei immer wieder auf die Berichte seiner Kollegen. »Aufgrund Ihrer Schilderungen rate ich Ihnen zunächst von Muttermilch komplett ab. Es scheint mir bei Ihrem Sohn eine Unverträglichkeit vorzuliegen«, sagte er.

Das verwunderte mich. »Aha? Ich dachte immer, Muttermilch wäre das Beste, was ein Baby bekommen könnte.«

»Das ist ja auch so, Mrs Meyer.« Er nickte. »Doch wenn das Kind gegen Muttermilch eine Unverträglichkeit hat, dann nützt uns das leider gar nichts.«

Das leuchtete mir ein. »Und was soll er stattdessen bekommen?«

»Versuchen Sie ihn mal mit Sojamilch zu füttern«, schlug der Arzt vor. »Damit habe ich in den meisten Fällen gute Erfahrungen gemacht, wenn eine Unverträglichkeit auf Muttermilch vorlag.«

Das machte mir Mut. Dr. White schrieb mir passende Produkte für mein Baby auf und ich machte mich mit neuer Entschlossenheit auf den Weg zur Drogerie. Hoffentlich war das nun des Rätsels Lösung. Immerhin hatte Dr. White überhaupt einen Vorschlag gemacht und nicht wie die anderen Ärzte bloß mit den Schultern gezuckt. Auch stimmte mich seine Bemerkung optimistisch, er hätte bereits gute Erfahrungen bei anderen Babys gemacht, die ebenfalls allergisch auf Muttermilch reagierten.

Doch auch diese Umstellung brachte keine Verbesserung. Daniel heulte nach wie vor ohne große Pausen. Ich wurde erneut mit meinem Sohn bei Dr. White vorstellig, um ihm davon zu berichten, dass Daniels Weinen nicht von der Muttermilch kommen konnte. Ich hoffte sehr darauf, einen neuen Ratschlag von ihm zu bekommen, der uns vielleicht dieses Mal auf die richtige Fährte führen wurde.

Doch meine Hoffnungen wurden enttäuscht. »Da bin ich jetzt auch mit meinem Latein am Ende«, sagte der Kinderarzt und zuckte stattdessen hilflos mit den Schultern – wie schon diverse andere Ärzte vor ihm.

Für mich war das Gespräch wie ein niederschmetterndes Déjà-vu. Ich fühlte mich gefangen wie in dem Film *Und täglich grüßt das Murmeltier*, in dem Bill Murray in der Rolle des Phil Connors immer wieder denselben Tag durchlebt. Ich wollte nicht mehr in einem Hamsterrad laufen, ohne einen Zentimeter vorwärtszukommen, deshalb konnte ich meine Enttäuschung kaum vor Dr. White verbergen. Dass ich so große Hoffnungen in diesen jungen Arzt gelegt hatte und nun wieder bei Punkt Null angelangt war, machte mich ziemlich fertig.

5

Auf nach Kapstadt

Ich blieb trotz allem mit Daniel in der Praxis bei Dr. White in Behandlung. Irgendwie hatte ich Vertrauen zu dem jungen Arzt und wollte wegen des einen Misserfolgs nicht gleich wieder wechseln. Er hatte zwar für Daniels Weinen noch keine Lösung gefunden, doch versprach er mir, sich Gedanken zu machen und weitere Dinge auszuprobieren. Mit etwas Glück würden wir dadurch vielleicht doch die Ursache für Daniels Beschwerden finden. Im Juli 1997 wusste Dr. White allerdings nicht mehr weiter. »Wir haben nun alles Mögliche ausprobiert, Mrs Meyer«, sagte er bei einem Termin. »Leider hat nichts davon Ihrem Baby geholfen.«

»Und was nun?«, fragte ich und hatte ein bisschen Angst, Dr. White würde Daniel in Zukunft nicht weiter behandeln wollen.

»Ehrlich gesagt, bin ich an der Grenze meines medizinischen Fachwissens angelangt und möchte Sie deshalb für weitere Untersuchungen zu einem Kollegen nach Kapstadt schicken. Doktor Moore ist Facharzt in einem Krankenhaus und auf die Behandlung von Kindermägen spezialisiert.«

Dr. White kritzelte eine Adresse auf ein Blatt Papier und reichte es mir. Immerhin schob er mich nicht ab und überließ mich und meinen Sohn allein unserem Schicksal, sondern hatte eine weitere Idee in petto. Also machte ich mich ein paar Tage später mit Daniel zusammen auf den Weg ins 750 Kilometer entfernte Kapstadt. Durch Dr. Whites Hilfe hatten wir schnell einen Termin bei dem Facharzt bekommen. Dort erhoffte ich mir endlich Hilfe für meinen Sohn und vor allem eins: keine weiteren Hiobsbotschaften für Daniel.

Besonders wünschte ich mir, dass keine Operationen für meinen Jungen notwendig sein würden und die Untersuchungen möglichst schnell vorbeigingen. Allerdings hatte ich kein sonderlich gutes Bauchgefühl während unserer Reise nach Kapstadt. Da mein Kind noch nicht sprechen konnte, war es uns nicht möglich herauszufinden, ob sich seine Schmerzen, und damit die Ursache für sein Weinen, nicht vielleicht sogar verstärkt hatten. Manchmal glaubte ich das nämlich, weil sein Gesichtsausdruck immer angestrengter wirkte, während er schrie.

Dr. Moore war bestens auf seinen neuen Patienten vorbereitet. Er hatte zuvor Daniels Krankenakte genau studiert, und nach einem kurzen Gespräch mit mir stand für ihn fest, welche Untersuchungen notwendig waren.

»Wir müssen herausfinden, was in Daniels Magen vor sich geht. Deshalb werden wir nicht daran vorbeikommen, uns anzusehen, was darin passiert«, sagte er zu mir.

»Machen Sie eine Ultraschall-Untersuchung?«, fragte ich hoffnungsvoll. Immerhin hatte das beim Kardiologen in der Klinik auch ausgereicht.

»Ich fürchte, so einfach ist das leider nicht. Wir müssen den Magen Ihres Kindes für vierundzwanzig Stunden beobachten, damit wir sehen können, was passiert, wenn es gefüttert wird, wie der Verdauungsprozess ist und so weiter.«

Oh Gott! Ich fasste mir vor Schreck mit einer Hand an den Brustkorb. »Vierundzwanzig Stunden? Ist das denn wirklich nötig?« Mein armes Baby!

»Leider ja. Und angenehm wird die Untersuchung für Ihr Kind auch nicht werden. Deshalb brauche ich Ihre Unterstützung, damit wir den Check wirklich vierundzwanzig Stunden lang durchziehen können. Sind Sie bereit dazu?«

Ich nickte. Natürlich war ich bereit. Ging es um die Gesundheit beziehungsweise um das Leben meines Kindes, dann war ich prinzipiell zu allem bereit.

Doch was dann folgte, hätte ich mir in meinen schlimmsten Albträumen nicht vorstellen können. Die Untersuchungen erwiesen sich als eine schlimme Tortur für Daniel – und auch für mich.

»Egal, was passiert, Sie müssen Ihren Sohn festhalten«, erklärte mir eine Krankenschwester mit bestimmtem Ton. »Trauen Sie sich das zu?«

»Natürlich«, sagte ich, obwohl ich mir da gar nicht so sicher war. Würde ich es durchhalten? Würde ich die Qualen meines Kindes ertragen können? Vierundzwanzig Stunden am Stück? Aber was wäre die Alternative? Daniel einer Krankenschwester anzuvertrauen? Nein, das kam überhaupt nicht in Frage. Also hielt ich mein Baby fest an mich gedrückt, während ihm zwei Schläuche mit Kamerasonden durch die Nase eingeführt wurden, die dort vierundzwanzig Stunden verbleiben sollten, um den Magen auch während der Nahrungsaufnahme zu zeigen. Daniel schrie schrecklich, als ihm die Sonden eingeführt wurden, und mir standen ebenfalls Tränen in den Augen. Ich litt so sehr mit meinem Kind, dass mir das Atmen schwerfiel. Zu allem Überfluss fing ich auch noch an zu zittern. Ich fühlte mich wie in einem schlechten Film. Die Situation war so unwirklich und gleichzeitig so real, dass mein Körper seinen Schutzmechanismus aktivierte, damit ich nicht zusammenbrach. Doch kurze Zeit später übermannten mich meine Gefühle und ich spürte, wie mein Kreislauf sich verabschiedete und ich mich am Rand einer Ohnmacht befand. Unter Tränen gab ich schließlich auf. Diese Situation überstieg alles, was ich ertragen konnte. Daniel leiden zu sehen und sein Weinen zu hören – das war einfach zu viel für mein Mutterherz. Eine Schwester musste meine Aufgabe übernehmen. Schweren Herzens verließ ich den Raum und ließ mich vor der Tür auf einem Stuhl nieder, auf dem ich sofort zusammensackte. Ich war komplett durchgeschwitzt und fühlte mich so erschöpft, als hätte ich zwei Wochen nicht mehr geschlafen. Meine Akkus waren komplett leer. Auf der gegenüberliegenden Seite befand sich ein Wasserspender. Ich raffte mich auf und füllte einen Pappbecher mit Wasser, den ich in einem Zug leerte. Vermutlich hatten hier schon unzählige Mütter gestanden, die in der gleichen Lage gewesen waren wie ich, und sich ähnliche Gedanken gemacht. Mir war bewusst, dass dies hier erst der Anfang der Reise mit meinem Sohn war. Eine von vielen Untersuchungen, die noch kommen würden. Ich fragte mich, wie ich die Dinge, die auf mich und Daniel zukommen würden, überhaupt durchstehen sollte, wenn ich jetzt schon schlapp machte. Wie schafften das andere Eltern? Mit einem Mal fühlte ich mich wieder sehr allein – wie die einsamste Mutter auf der ganzen Welt.

Ich war mit Daniel ohne Begleitung nach Kapstadt gereist. Mein Mann musste arbeiten und außerdem waren die Reisekosten schon für Daniel und mich sehr hoch gewesen. Zum Glück wohnte meine Schwägerin ebenfalls in Kapstadt und wir konnten bei ihr unterkommen und uns wenigstens einen teuren Hotelaufenthalt sparen.

Daniel hielt die Tortur nur achtzehn statt der geplanten vierundzwanzig Stunden aus. Wobei das Wort *nur* hier nicht passend ist. In Wirklichkeit war mein Sohn unheimlich tapfer, ein echter kleiner Held. Ich weiß nicht, ob ich das Verfahren auch nur eine halbe Stunde ausgehalten hätte, so furchtbar fand ich diese Prozedur. Dabei sage ich das als Erwachsene, die den Sinn einer solchen Untersuchung versteht, und nicht als Baby, das überhaupt nicht begreift, was mit ihm gemacht wird und warum. Nach der Untersuchung bestellte mich Dr. Moore sofort ins Behandlungszimmer. Er machte ein ernstes Gesicht. Ein sehr ernstes Gesicht sogar, das mir prompt wieder Wackelpuddingknie bescherte und meinen Herzschlag beschleunigte.

Ich schluckte und rechnete mit dem Schlimmsten. »Was ist mit meinem Kind, Herr Doktor«, brachte ich bloß leise hervor.

»Daniel hat schlimmes Sodbrennen, und weil er sich so häufig übergeben musste, hat er schlimme Verätzungen in der Speiseröhre, was ihm natürlich Schmerzen bereitet.«

Ich zog die Luft zwischen meinen Zähnen ein. »Nein!«

»Deshalb müssen wir schnell handeln, um den Prozess aufzuhalten. Gleich morgen werde ich für Daniel eine OP ansetzen, wobei wir den Magen umdrehen werden, damit er sich nicht mehr übergeben kann.«

In meinen Augen sammelten sich Tränen. »Mein armes Baby«, sagte ich tonlos und spürte, wie sich mir förmlich der

Magen bei der Vorstellung ganz von allein umdrehte. »Muss das wirklich sein?«

»Unbedingt.«

Ich schnäuzte mich in ein Papiertaschentuch.

»Da wäre noch etwas, was ich mit Ihnen besprechen muss. Uns ist ein kleiner Huckel an Daniels Rücken aufgefallen, weshalb wir ihn vorhin zusätzlich noch geröntgt haben.« Er schaltete hinter sich eine Lichterwand an, an die er Röntgenbilder hängte.

»Ja, deswegen war ich auch schon mit Daniel bei einem Kinderarzt in Port Elizabeth. Dort wurde mir gesagt, dass es daher kommt, weil das Herz gegen die Wirbelsäule drückt. Doch ich fand es irgendwie komisch, dass das Herz dafür verantwortlich sein soll. Ich konnte mir nicht vorstellen, dass das der Grund für diesen Huckel ist.«

»Ihren Eindruck muss ich leider bestätigen. Neben einer Skoliose haben wir festgestellt, dass Daniels Wirbelsäule und seine Hüften nicht richtig entwickelt sind. Sehen Sie hier?« Dr. Moore zeigte auf die Stellen der Röntgenbilder, an denen die Befunde sichtbar waren. »Ihr Sohn hat außerdem auch noch zwei zusätzliche Halbwirbel und eine extra Rippe, die normalerweise nur Frauen haben.«

Mein Gefühl hatte mir von Anfang an signalisiert, dass es etwas anderes sein musste, dass diese Verformungen hervorgerufen hatte. Es war zwar schön, sich auf sein Bauchgefühl verlassen zu können, doch in diesem Moment verfluchte ich meine Vorahnungen. Wie gern hätte ich mich in diesem Fall getäuscht! Zugunsten von Daniel.

Daniel musste in der Klinik bleiben und wurde für die OP vorbereitet. Ich blieb ebenfalls im Krankenhaus und schlief auf einer Art Pritsche neben dem Krankenbett meines Kindes. Nach der neuen schockierenden Diagnose machte ich mir schwere Vorwürfe. Wieder kamen in mir die Gedanken hoch, dass ich eventuell schuld an Daniels Krankheit sein könnte. Ich starrte an die Decke und ließ noch einmal die Ereignisse Revue passieren, die sich in jener Zeit abgespielt hatten, bevor ich erfahren hatte, dass ich mit Daniel schwanger war. Dann fuhr mir plötzlich ein Gedanke wie ein Blitz durch den Kopf und ich richtete mich kerzengerade auf.

Bevor ich von meiner Schwangerschaft wusste, hatte ich eine Zahn-OP unter Narkose durchführen lassen, in der auch Stoffe verwendet wurden, die eine Fehlgeburt auslösen konnten. Das wusste ich so genau, weil ich ein Papier unterschreiben musste, worin darüber aufgeklärt wurde. Erst zwei Wochen nach der Zahn-OP blieb damals meine Periode aus und ich ging deshalb zum Gynäkologen, der mir nach der Untersuchung mitteilte, dass ich schwanger war. War die Narkose vielleicht die Ursache für Daniels schlimmen Gesundheitszustand? War ich im Endeffekt für Daniels Leiden verantwortlich? Mir liefen Tränen über die Wangen. Diese dumme Zahn-OP! Hätte ich damals nur schon von meiner Schwangerschaft gewusst! Zur Not hätte ich die OP ganz ohne Narkose durchführen lassen. Egal, wie sehr ich darunter gelitten hätte. Ich wischte mir die Tränen mit dem Handrücken ab und ging zu Daniel, der leise wimmerte. »Ist schon gut, mein Kleiner«, sagte ich und hob ihn auf meinen Arm. »Die Mama ist ja bei dir.« Dann küsste ich ihn auf seine Stirn und schloss dabei die Augen.

Am nächsten Morgen lagen meine Nerven blank. Beim Frühstück kippte ich mir erst vor lauter Nervosität heißen

Kaffee über die Hand und ließ danach meinen Marmeladentoast fallen, der zuverlässig mit der Marmeladenseite auf meiner Hose landete. Daniel wurde gegen neun Uhr in den OP gebracht. Kurz davor hatte ich nochmals mit Dr. Moore gesprochen, der mir zum wiederholten Male versicherte, dass wir die Operation nicht aufschieben konnten, da durch die Magensäure schon zu große Teile der Speiseröhre angegriffen waren.

Während der OP lief ich die ganze Zeit den Gang auf und ab, wie ein Tiger in seinem Käfig. Ich machte mir große Sorgen und hoffte nur, dass Daniel die Operation gut überstand. Eine Garantie dafür hatte mir Dr. Moore nämlich nicht geben können. »Aber wir tun unser Bestes, darauf können Sie sich verlassen, Mrs Meyer«, hatte er zu mir gesagt. Ich hoffte, dass das Beste auch gut genug für Daniel war.

Daniel überstand die Operation und lag danach fünf Tage auf der Intensivstation, wo er einiges an Morphin verabreicht bekam, damit er die schlimmen Schmerzen überhaupt aushalten konnte.

Mein Baby musste nach der Operation noch eine Weile im Krankenhaus bleiben. Ich blieb tagsüber bei ihm und schlief nachts bei meiner Schwägerin. »Mach dir keine Sorgen, Debbie. Du kannst so lange bleiben, wie es nötig ist«, hatte sie mir versichert. Ich war so froh darüber, einen Menschen aus meiner Familie an meiner Seite zu haben. Und ich war froh, dass Paul und meine Eltern sich in der Zwischenzeit um Ryan kümmerten, sodass ich mir um meinen Ältesten keine zusätzlichen Sorgen zu machen brauchte.

Vier Wochen später durfte Daniel das Krankenhaus verlassen. Ihm ging es endlich besser und ich schöpfte neue Hoffnung, dass sich vielleicht doch noch alles zum Guten wenden würde.

6

Die Selbsthilfegruppe

An einem Samstag veranstalteten unsere Nachbarn eine große Gartenparty, zu der sie alle Nachbarn, Freunde und ihre Familie einluden. Jeder brachte etwas zu essen oder zu trinken mit. Daniel ging es durch seine Medikamente soweit gut, dass wir ihn mitnehmen konnten.

»Das sind Bob und Sharon«, stellte mir meine Nachbarin Gina ein Ehepaar vor.

Ich stellte meinen vollbeladenen Teller auf einem Tisch ab und gab ihnen artig die Hand. »Hallo Bob und Sharon, schön, euch kennenzulernen. Ich bin Debbie und wohne mit meiner Familie gleich neben Gina«, stellte ich mich vor.

»Ist das Daniel?«, wollte Sharon wissen und deutete auf mein Baby, das neben mir im Kinderwagen schlief.

»Äh ... ja«, sagte ich verwundert. Woher um alles in der Welt kannten sie Daniel?

»Du musst entschuldigen, Debbie, aber ich habe den beiden von Daniel erzählt«, mischte sich Gina ein, der mein fragender Gesichtsausdruck nicht entgangen war. »Bobs und Sharons Tochter ist ebenfalls herzkrank und hat bereits eine Transplantation überstanden«, erklärte sie.

»Oh«, sagte ich. »Und wie ist das abgelaufen? Ich würde darüber gern mehr erfahren. Natürlich nur, wenn ihr darüber reden möchtet.«

Sharon winkte ab. »Natürlich, Debbie, sehr gern sogar. Man trifft ja eher selten Eltern mit herzkranken Kindern, mit denen man sich austauschen kann.«

Das stimmte wohl. »Ich muss zugeben, ihr seid die ersten Eltern mit einem herzkranken Kind, die ich außerhalb eines Krankenhauses kennenlerne«, sagte ich und wunderte mich gleichzeitig darüber. Mir war gar nicht bewusst gewesen, dass ich bislang betroffene Eltern nur in Kliniken getroffen hatte. Außerhalb waren mir bis jetzt keine über den Weg gelaufen.

Zwischen mir und Sharon entspann sich an dem Nachmittag ein sehr interessantes Gespräch, bei dem ich endlich die Fragen stellen konnte, die mir schon längere Zeit auf der Seele brannten. Ihr Mann verließ uns kurz darauf, um sich mit anderen Männern am Grill nützlich zu machen.

Nach der Unterhaltung fühlte ich mich wie aufgeladen und sprudelte förmlich vor neuer Energie. Ich hatte jede Menge wichtiger Informationen über Behandlungsmöglichkeiten bekommen, von denen ich bisher nichts gewusst hatte. Sharon hatte mir viele nützliche Tipps gegeben, die mit Geld gar nicht aufzuwiegen waren. Für mich stand nach der Unterhaltung mit Sharon relativ schnell fest, dass ich diese Art von Gesprächen häufiger haben wollte. Akribisch machte ich mich auf die Suche nach einer Selbsthilfegruppe von Eltern herzkranker Kinder, um mich mit weiteren Betroffenen austauschen zu können. Es war mir ein inneres Bedürfnis, Kontakt zu solchen Leuten aufzunehmen, die das Gleiche durchmachten wie ich und der Rest meiner Familie. Oftmals stand ich vor scheinbar unüberwindbaren Schwierigkeiten, und ich vermutete, dass es anderen Eltern herzkranker Kinder ähnlich ging wie mir.

Ein großes Problem in Südafrika war zum Beispiel die Kostenübernahme durch die Krankenkassen. Sie zahlten lediglich siebzig Prozent für alle notwendigen OPs. Auf dem Rest blieben der Kranke und seine Angehörigen sitzen. Dies wäre vermutlich gar nicht so schlimm gewesen, bei einem gesunden Menschen, der eventuell alle zehn Jahre eine Operation in Anspruch nahm. Doch mit einem kranken Kind wie Daniel, dessen OPs in regelmäßigen Abständen geplant wurden, lag die Sache ganz anders.

Bei meiner Suche nach einer Selbsthilfegruppe stellte ich jedoch bald fest, dass es erstaunlicherweise gar keine Gruppen gab. Bevor ich mich lange darüber wunderte, reifte in mir spontan der Plan, Abhilfe für diesen Missstand zu schaffen. Im Dezember 1997 gründete ich schließlich meine eigene Selbsthilfegruppe. Dafür gab ich Inserate in Zeitungen auf. Zu der Zeit war das Internet noch nicht so weit verbreitet und deshalb schauten die Leute regelmäßig in Tageszeitungen, um sich beispielsweise über Vereine und Freizeitgruppen zu informieren. Und meine Rechnung ging auf: Ich stieß mit meinen Anzeigen sofort auf reges Interesse von anderen Betroffenen, die sich telefonisch bei mir meldeten.

Das erste Treffen fand in unserem Haus statt. Ich hatte ein kleines Buffet vorbereitet und war ziemlich nervös vor der ersten Versammlung. Immerhin war ich die Gründerin der Selbsthilfegruppe, und deshalb wurde von mir wahrscheinlich erwartet, dass ich eine kleine Begrüßungsrede hielt und die Gruppe organisatorisch leitete.

Meiner Einladung waren insgesamt circa sechzehn Elternpaare gefolgt, die es sich an diesem Abend in unserem

Wohnzimmer bequem machten. Glücklicherweise verflog mein Lampenfieber recht schnell, nachdem ich mit allen kurz gesprochen und festgestellt hatte, dass es sich um sehr herzliche Menschen handelte. Nachdem Paul und ich uns vorgestellt und etwas über Daniel erzählt hatten, stellten sich die anderen Elternpaare ebenfalls vor und berichteten von ihren herzkranken Kindern, die in jedem Alter vertreten waren. Am Ende unserer ersten Zusammenkunft beschlossen wir, uns von jetzt an ein Mal im Monat zu treffen, immer bei einer anderen Familie.

»Glaubst du, dass die Gruppe lange bestehen bleibt«, fragte mich mein Mann nach unserem ersten Gruppentreffen abends im Bett.

»Ja, das glaube ich. Du etwa nicht?«, wollte ich wissen.

»Hm, ich hoffe schon, aber du weißt ja, dass es oft ein erstes Strohfeuer gibt und danach nichts mehr kommt«, gab er zu bedenken. »Und ich möchte einfach nicht, dass du dein gesamtes Herzblut in die Sache steckst und hinterher enttäuscht bist.«

»Wir sprechen hier aber von Eltern, deren Kinder schwer krank sind. Ich glaube nicht, dass sie sich dieses Strohfeuer leisten können«, entgegnete ich.

»Ja, vermutlich hast du recht«, sagte er, gab mir einen Kuss und rollte sich auf die andere Seite des Bettes, um zu schlafen.

Mein Mann war zwar ein ewiger Zweifler, doch ich wusste stets, mit welchen Argumenten ich ihn überzeugen konnte. Und was mich besonders freute: Am Ende behielt ich recht. Unsere kleine Selbsthilfegruppe erwies sich als eine starke Gemeinschaft, bei der alle Beteiligten an einem

Strang zogen. Gemeinsam starteten wir schon bald unseren ersten Spendenaufruf für ein krankes Kind und bald wurde dies zu einer festen monatlichen Institution.

Ich spürte, wie ich dadurch neue Kraft schöpfte, um mich den weiteren Herausforderungen beim Kampf um Daniels Leben zu stellen. Durch die gegenseitige Unterstützung fühlte ich mich stärker und hatte das Gefühl, endlich nicht mehr allein zu sein.

7

Die erste Herz-OP

Am 16. Januar 1998 stand die erste geplante Herz-OP in Kapstadt für meinen Jungen an. Dies war der früheste Zeitpunkt überhaupt für diese Operation, weil Kinder in dieser Lebensphase schon stabiler sind.

Die Vorbesprechung mit den Ärzten hatte mich im Vorfeld allerdings ziemlich fertig gemacht: »Ihr Sohn hat eine Chance von fünfzig zu fünfzig, diese Operation zu überleben«, hatte mich der Herzchirurg aufgeklärt.

Eine ernüchternde Prognose, wie ich fand, keine, die mich zu großen Jubelstürmen hinriss. Ich hatte das Gefühl, als würde mit dem Leben meines Kindes Lotto gespielt.

»Das heißt also, dass Daniel eine fünfzigprozentige Chance hat, dass er die OP nicht überlebt«, berichtete ich Betty von meiner Selbsthilfegruppe am Telefon, die ich sofort nach der Vorbesprechung angerufen hatte. »Das ist ja wie bei einem Glücksspiel.«

»Aber auf der anderen Seite auch fünfzig Prozent, dass er es schafft«, entgegnete sie optimistisch. Für Betty war das Glas grundsätzlich halb voll, eine Einstellung, um die ich sie in dem Moment beneidete. »Der Arzt muss doch ehrlich zu dir sein und sich absichern, Debbie. Das sagen sie immer, bevor operiert wird.«

»Sicher, das stimmt schon. Aber ich hätte eben doch lieber gehört, dass die Operation ein Klacks für Daniel wird«, gab ich zu.

»Na klar, wer möchte das nicht hören? Ich gebe dir den Rat, dass du dich auf die guten fünfzig Prozent konzentrierst und gar nicht an die anderen fünfzig Prozent denkst. Gib der positiven Seite Kraft, nicht der negativen. Das hat bei unserer Tochter bis jetzt auch immer funktioniert, und du weißt ja, Leni hat schon vier Herzoperationen überstanden, wo es ähnlich kritisch um sie stand.«

»Das sind genau die Worte, die ich jetzt gebraucht habe. Ich bin so froh, dass ich dich und die anderen durch unsere Selbsthilfegruppe kennengelernt habe«, sagte ich und war wirklich erleichtert, mit jemandem zu sprechen, der genau wusste, wie es mir gerade ging und was ich an Zuspruch brauchte. »Ich hab dich lieb, Betty.«

»Ich dich auch, Debbie. Melde dich, wenn die Operation stattgefunden hat, oder einfach, wenn dir danach ist«, sagte sie zu mir.

»Das mache ich«, versprach ich ihr und legte etwas beruhigter auf. Mit Bettys positiver Bestärkung, aber auch mit dem Wissen um Daniels Chancen, packte ich die Sachen für meine Familie in den Koffer. Dieses Mal wurden Daniel und ich von meinem Mann und meinem ältesten Sohn begleitet, worüber ich sehr froh war. Paul und Ryan würden bei der Schwester meines Mannes schlafen, während ich im Krankenhaus bei Daniel bleiben wollte.

Für die Zeit in der Klinik bezog ich ein sogenanntes Mutter-Kind-Zimmer. Nach unserer Ankunft legte ich Daniel in das Kinderbett in unserem Zimmer und packte danach den Koffer aus. Unsere Kleidungsstücke packte ich in die dafür vorgesehenen Schränke und auf einem Tisch breitete ich die mitgebrachten Toilettenartikel aus. Je mehr sich die Schränke und der Tisch füllten, umso schlechter ging es mir. Ich war unglaublich traurig und zugleich extrem wütend darüber, dass ich die Verantwortung für das Leben meines Kindes in die Hände von irgendwelchen Ärzten legen musste. Im Grunde genommen waren es doch wildfremde Menschen, die meinen Sohn gar nicht kannten und für die es lediglich ihr Job war, mein Kind zu operieren. Ich setzte mich auf einen Stuhl und vergrub das Gesicht in meinen Händen. Hoffentlich war der zuständige Chirurg an dem Tag wenigstens ausgeschlafen und hatte nicht zuvor einen heftigen Ehestreit mit seiner Frau gehabt, betete ich leise vor mich hin. Ich fühlte mich einfach nur noch hilflos und ohnmächtig, je näher die Operation rückte.

Diese Emotionen verschwanden auch nicht über Nacht. Als ich am nächsten Morgen aufwachte, fühlte ich mich sogar schlechter als am vorherigen Tag. Dieses Gefühl erreichte seinen absoluten Höhepunkt, als Daniel vor meinen Augen in den OP gerollt wurde und ich ganz sicher sein konnte, nichts mehr für meinen kleinen Schatz tun zu können. Paul und Ryan waren noch nicht im Krankenhaus angekommen, und deswegen suchte ich in meiner Not die Krankenhauskapelle auf. Dort setzte ich mich in eine Bank und bat Gott um Hilfe und Beistand während der Operation meines Kindes.

»Daniel ist doch noch so klein. Sein Leben hat noch gar nicht richtig begonnen«, flüsterte ich mit tränenerstickter Stimme. »Daniel darf einfach noch nicht sterben! Hörst du? Bitte mach, dass er zu den guten fünfzig Prozent gehört.«

Dass mein kleiner Junge wegen seines Rückens auch noch Schwierigkeiten mit dem Sitzen hatte, war für mich das kleinste Problem. In diesem Moment kämpfte Daniel um das nackte Überleben. Ich schaute auf das Kreuz, das an der Wand hing, und dabei musste ich an den Tag von Daniels Geburt denken. Was hatte mein Mann doch damals noch gesagt, als er ihn zum ersten Mal gesehen hatte? *Das wird mal ein richtiger Champion. Einen Kämpfer erkenne ich auf den ersten Blick*, hörte ich ihn laut und deutlich in meinen Gedanken sagen, als stünde er gerade neben mir. Dass mir diese Worte einmal so viel Trost spenden würden, hätte ich damals nicht gedacht. Im Nachhinein kommt es mir fast vor, als wären diese Worte nicht von Paul gekommen, sondern als hätte Gott durch ihn gesprochen.

Daniel überlebte die Operation. Die guten fünfzig Prozent hatten sich durchgesetzt, Gott sei Dank! Nachdem ich die gute Nachricht erfahren hatte, schaute ich kurz hoch zur Krankenhausdecke und bedankte mich bei Gott für seine Unterstützung. Danach umarmte ich Paul und Ryan. In dem Moment war ich einfach nur glücklich, mein Kind nicht verloren zu haben. Ich blendete die Gedanken an mögliche weitere Operationen aus. Für mich zählten nur der Augenblick und die Gewissheit, dass Daniel lebte.

Mein Sohn wurde nach der Operation direkt auf die Intensivstation verlegt. Selbstverständlich wachte ich ununterbrochen an seiner Seite, da gab es für mich gar keine Diskussion. Doch diese Situation ließ mich schon sehr bald an meine eigenen Grenzen stoßen. Ich schlief so gut wie überhaupt nicht mehr, und ständig schrien andere Kinder. Meine

Kräfte ließen immer mehr nach, doch ich verbot es mir, auch nur für eine Sekunde die Intensivstation zu verlassen. Anfänglich waren mein Mann und Ryan bei uns und unterstützten mich, doch sie mussten nach ein paar Tagen wieder zurück nach Port Elizabeth fliegen. Paul bekam nicht ewig Urlaub und Ryan musste wieder zur Schule gehen. So lag die Verantwortung für Daniels Betreuung allein bei mir.

Ich war überglücklich, als schließlich der letzte Tag im Krankenhaus gekommen war. Daniel und ich durften endlich zurück nach Port Elizabeth fliegen, wo wir am Flughafen von Paul, Ryan, Pauls Mutter, meinen Geschwistern und meinem Vater empfangen wurden.

Meine Familie hatte eine kleine Überraschungsparty für mich und unseren kleinen Sohn organisiert. An der Haustür hing ein riesiges Plakat, auf dem in Ryans Handschrift in bunten Buchstaben *Willkommen zu Hause* stand. Meine Schwester Ute überraschte uns mit einem leckeren Essen, das sie für uns vorbereitet hatte. Wieder einmal genoss ich die Rückkehr in mein Zuhause und wusch mir am Abend, nachdem meine Verwandten gegangen waren, den Krankenhausgeruch sowie den Stress der letzten Zeit unter der Dusche ab. Jedenfalls kam es mir so vor, als würde das warme Wasser die vergangenen Wochen einfach von mir wegspülen. Ich freute mich sehr darauf, vorerst kein Krankenhaus von innen sehen zu müssen. Daniel und ich würden uns erst einmal erholen und langsam zur Ruhe kommen, das nahm ich mir fest vor.

Doch daraus wurde nichts. Schon am übernächsten Tag wurde Daniel wieder krank. So schwer krank, dass wir ihn ins Krankenhaus in Port Elizabeth bringen mussten.

»Mein Sohn verweigert die Nahrungsaufnahme komplett und will auch nichts trinken«, schilderte ich dem Arzt in der Notaufnahme die Symptome.

Mein Mann trug unseren Sohn auf dem Arm in den Untersuchungsraum, wo er ihn auf der Behandlungsliege ablegte.

Der Notarzt hörte Daniels Herztöne ab. »Hm. Mich wundert nicht, dass Ihr Kind nichts isst oder trinkt. Ihr Sohn hat eine schwere Lungenentzündung«, teilte er uns seine Diagnose mit.

»Eine Lungenentzündung?«, rief ich aus. »Das verstehe ich nicht. Daniel war bis vor drei Tagen noch im Krankenhaus in Kapstadt. Da hätten die Ärzte doch etwas merken müssen. Sind Sie ganz sicher?«

»Es besteht leider kein Zweifel. Kann es sein, dass Sie mit dem Flugzeug von Kapstadt nach Port Elizabeth geflogen sind?«, fragte er mich.

»Ja. Wieso?« Ich verstand den Zusammenhang zwischen unserer Flugreise und Daniels Lungenentzündung nicht.

Der Arzt nickte wissend. »Das dachte ich mir. Ihr Kind ist noch angeschlagen von der letzten Operation und wird sich die Lungenentzündung vermutlich auf dem Rückflug von Kapstadt geholt haben.«

Dann ging alles ziemlich schnell. Daniel wurde auf die Station gebracht; dort schlossen ihn die Ärzte an Monitore an und legten ihm Zugänge. Paul und ich konnten nur hilflos zusehen, wie Ärzte und Schwestern hektisch um unseren Sohn herumsprangen. Als der behandelnde Arzt auf uns zukam, ahnte ich, dass er keine guten Nachrichten für uns hatte.

»Mr und Mrs Meyer?«, sprach er uns an.

»Herr Doktor, wie geht es meinem Sohn? Haben Sie neue Erkenntnisse? Wird er bald wieder gesund?«, fragte ich aufgeregt.

Der Arzt schaute zu Boden und schüttelte langsam den Kopf. »Sie müssen jetzt ganz stark sein. Es sieht leider nicht gut aus für Ihren Sohn.«

»Was heißt das? Unser Sohn wird doch wieder gesund?«, wollte mein Mann wissen, nachdem ich unfähig war, auch nur einen Ton herauszubringen.

»Ich kann Ihnen keine großen Hoffnungen machen. Im dem jetzigen Stadium müssen wir bloß abwarten. Und beten. Mehr können wir nicht tun.«

Ich kann Ihnen keine großen Hoffnungen machen. Dieser Satz traf mich mit einer noch nie zuvor gefühlten Härte und dröhnte in meinen Ohren. Ich war sprachlos. Entsetzt. Ich fühlte mich schrecklich einsam. Völlig verloren und meinem Schicksal gnadenlos ausgeliefert. Zum allerersten Mal musste ich daran denken, dass es mein geliebtes Kind vielleicht nicht schaffen und der Tod gewinnen würde. Ich spürte, wie mir dieser Gedanke buchstäblich den Boden unter den Füßen wegriss.

»Debbie!«, hörte ich jemanden meinen Namen rufen, bevor meine Knie hart auf dem Boden aufschlugen. Ich hörte Schreie, die von ganz weit weg zu kommen schienen, und dann umfing mich eine tiefe Dunkelheit. Alles war plötzlich still.

Als ich die Augen wieder aufschlug, lag ich auf einer Behandlungsliege und schaute in die Augen meines Mannes, der meine Hand hielt. »Debbie? Kannst du mich hören?«

»Ja«, hauchte ich und versuchte mich daran zu erinnern, wie ich auf diese Liege gekommen war.

Sogleich beugte sich auch eine Krankenschwester über mich. »Da sind Sie ja wieder. Möchten Sie etwas trinken?«

»Trinken? Ja … bitte«, sagte ich, noch immer verwirrt, und richtete mich langsam auf. »Was ist denn passiert?«, fragte ich meinen Mann.

»Dein Kreislauf hat schlapp gemacht. Kein Wunder nach der vielen Aufregung«, meinte Paul.

»Aufregung?«, überlegte ich, und dann fiel mir alles wieder ein. Daniel wollte nichts essen und nichts trinken, deswegen waren wir ins Krankenhaus gefahren. Es stand nicht gut um ihn. »Diese verfluchte Lungenentzündung«, sagte ich leise und fühlte mich hundeelend.

»Daniel schläft gerade. Sie haben ihm etwas gegeben, damit er sich erholen kann«, erklärte mir ein Mann.

Ich schwang meine Beine von der Liege und richtete mich langsam auf. »Ich muss ihn sehen.« Meine Knie fühlten sich zwar immer noch recht wackelig an, aber das konnte mich nicht davon abhalten, zu meinem Sohn zu gehen.

Paul und ich liefen langsam durch die kahlen Krankenhausgänge, die durch Neonröhren an der Decke in ein kaltes Licht getaucht wurden. Vor Daniels Zimmer machten wir Halt und schauten durch eine Glasscheibe. Da lag mein Kind. An Maschinen angeschlossen, bleich im Gesicht. Seine Augen hielt er geschlossen. Er schien tatsächlich zu schlafen. Daniels Glieder wirkten zart, geradezu zerbrechlich. Sein Körper war viel zu klein für das wuchtige Krankenhausbett. Es wirkte wie eine schlecht gemachte Fotomontage auf mich. Daniel gehörte hier einfach nicht hin, sondern nach Hause in sein eigenes Bett, in dem eine Armee Kuscheltiere auf ihn wartete. Ich spürte, wie mir die Tränen kamen.

»Nicht weinen, Debbie«, sagte Paul zu mir und nahm mich in den Arm.

»Ob Daniel seine Kuscheltiere jemals wiedersehen wird?«, schluchzte ich. Die Worte sterben oder Tod kamen mir nicht über die Lippen.

»Das wird er, da bin ich mir ganz sicher. Sonst wäre er nicht unser Sohn, Debbie«, sagte Paul und drückte mich noch fester.

Schon bald war klar, dass Daniel länger stationär behandelt werden musste. Neben der Angst um mein Kind übten die laufenden Kosten der Behandlung einen zusätzlichen Druck auf mich und Paul aus. Wir waren uns darüber im Klaren, dass wir die Selbstbeteiligung von 30 Prozent nicht aus eigener Kraft aufbringen konnten. Deshalb nahmen wir während des Krankenhausaufenthalts zu der Organisation *Greenachers Netcare* Kontakt auf und berichteten den Verantwortlichen von unserer Situation und wie sehr wir auf finanzielle Unterstützung angewiesen waren. Durch meine Selbsthilfegruppe kannte ich mittlerweile nicht nur wichtige Firmen, die sich für kranke Kinder einsetzten, sondern auch die direkten Ansprechpartner, mit denen ich mich telefonisch verbinden lassen konnte.

»Wir werden Sie und Ihren Sohn unterstützen«, versprach uns eine Verantwortliche der Organisation. »Gleich morgen werden wir in einer großen Tageszeitung einen Spendenaufruf schalten.«

»Hoffentlich klappt das«, sagte ich zu der netten Dame am Telefon, die eine warmherzige und positive Stimme hatte.

»Keine Sorge, Mrs Meyer. Bis jetzt haben wir noch für jedes Kind den passenden Sponsor gefunden. Warum sollte ausgerechnet Ihr Sohn eine Ausnahme sein?«, machte sie mir Mut. »Nach dem ganzen Pech haben Sie sich wirklich ein bisschen Glück verdient.«

Das fand ich auch. Und tatsächlich: Wenige Tage später rief die nette Dame von der Organisation mit guten Nachrichten bei uns zu Hause an. Die Autofirma BMW hatte sich auf die Anzeige gemeldet und zugesichert, die ausstehenden 30 Prozent der Behandlungskosten für unseren Sohn zu übernehmen.

Mir fiel ein ganzes Gebirge vom Herzen.

Daniel musste einen Monat lang im Krankenhaus behandelt werden. Am Ende schaffte es unser kleiner Kämpfer erneut und besiegte die schlimme Lungenentzündung. Es war einer meiner glücklichsten Tage, als ich mein Kind wieder mit nach Hause nehmen durfte.

8

365 Tage

Obwohl ich die ganze Zeit an mein Kind geglaubt hatte, war ich doch überrascht, als plötzlich Daniels erster Geburtstag kurz bevorstand. Ich saß in der Küche am Tisch, vor mir dampfte eine Tasse heißer Kaffee. Ich ließ das letzte Jahr Revue passieren. Es war so viel passiert: Dinge, von denen ich noch vor einem Jahr nicht für möglich gehalten hätte, dass sie mir passieren könnten – oder besser gesagt, dass sie überhaupt jemandem passieren könnten. Ich war viel zu ahnungslos gewesen.

Nie hatte ich mir darüber Gedanken gemacht, wie es wäre, Mutter eines kranken Kindes zu sein, und vor allem, welche enorme Kraft dieses erforderte. Täglich. Vierundzwanzig Stunden am Tag. Ohne Pause.

Manchmal hatte ich überlegt, was geschehen wäre, wenn ich vor Daniels Geburt gewusst hätte, dass mein Sohn schwer krank zur Welt kommen würde. Hätte mir dieser Gedanke Angst eingejagt? Wahrscheinlich schon. Vermutlich sogar eine Heidenangst. Bestimmt hätte ich mich auch gefragt, ob ich das alles überhaupt schaffen und durchstehen könnte, meinem Kind zuliebe. Eventuell hätte mich dieser Gedanke so sehr geängstigt, dass ich es mir überhaupt nicht zugetraut hätte, Daniels Mama zu sein. Wer wusste das schon? Doch in einem Punkt war ich mir umso sicherer: Ich hätte mich nie gegen mein Kind entschieden und ich hätte mich trotz der größten Angst in mir jedes Mal aufs Neue der Herausforderung und der Verantwortung gestellt. Das ist es höchstwahrscheinlich, was als Mutterliebe bezeichnet wird: die Bereitschaft, für das geliebte Kind über die eigenen Grenzen hinauszuwachsen und nie aufzugeben. Koste es, was es wolle.

Eigentlich konnte ich mich gar nicht mehr daran erinnern, wie mein Leben einmal gewesen war. Vor Daniel. Ohne ständige Krankenhausaufenthalte, Medikamentengaben und die allgegenwärtige Sorge um meinen Sohn und sein Leben. Und trotzdem konnte ich nicht sagen, dass ich jemals in meinem Leben glücklicher gewesen war. Vor allem in jenen Momenten, wenn ich meinem Kind in die wunderschönen blauen Augen blickte und wusste, Daniel lebt. Dies war das größte Geschenk für mich, und ich dankte Gott jeden Tag aufs Neue dafür.

Daniels Gesundheitszustand war nach wie vor kritisch. Es hatte keine bemerkenswerten Verbesserungen gegeben, und ich musste jede Minute damit rechnen, mit ihm ins Krankenhaus fahren zu müssen. Zwar hatte er sich von der Herzoperation und seiner schweren Lungenentzündung verhältnismäßig gut erholt, doch war er weit davon entfernt, ein einigermaßen gesundes Kind zu sein. Er hatte nach wie vor immer wieder blaue Lippen und sein halbes Herz bereitete mir schlaflose Nächte, in denen meine Gedanken um das mögliche Schicksal meines Sohnes kreisten und mich nicht zur Ruhe kommen ließen. In meinem Kopf war dann immer wieder die gleiche Frage: *Wie soll das nur alles weitergehen?*

Ich führte die Tasse mit dem Kaffee zu meinen Lippen und trank einen großen Schluck.

»Wieso verziehst du denn so den Mund?«, fragte mein Bruder Rainer, der an der Küchentür lehnte und dessen Anwesenheit ich gar nicht bemerkt hatte. »Hast du dir etwa Salz statt Zucker in den Kaffee getan?«

»Nein, nein.« Ich schüttelte den Kopf und musste über den Scherz meines Bruders lachen. »Kein Salz. Aber ich muss wohl etwas zu lange nachgedacht haben, denn der Kaffee ist völlig kalt.«

»Ach so. Na, dann ist jetzt aber Schluss mit der Grübelei. Schließlich müssen wir Daniels ersten Geburtstag vorbereiten, und da kommt auf uns eine Menge Arbeit zu«, sagte mein Bruder und rieb sich dabei tatkräftig die Hände.

Damit hatte er recht. Wir waren verabredetet, um in einem Shopping-Center alles Notwendige für den großen Tag einzukaufen.

Ich wollte von Anfang an, dass Daniels erster Geburtstag etwas ganz Besonderes wird, wusste allerdings zuerst nicht genau, was für eine Art Feier ich organisieren sollte. Das änderte sich aber, als ich eines Morgens unsere Nachbarn zufällig auf der Straße traf.

Jillian und Stu hatten einen großen Pool auf ihrem Grundstück. Paul und ich waren sehr gut mit dem Ehepaar befreundet und wann immer es möglich war, durfte Daniel dort planschen. Er liebte es, sich im Wasser zu bewegen, und spritzte gern in dem kühlen Nass herum.

»Wieso feierst du nicht Daniels Geburtstag bei uns?«, hatte Jillian mich an jenem Morgen gefragt. »Wir könnten eine lustige Pool-Party für den Kleinen veranstalten.«

»O ja! Das ist ja eine tolle Idee! Das wird Daniel gut gefallen«, freute ich mich und nahm das Angebot nur zu gern an.

Ich hatte unsere komplette Familie, Nachbarn, Freunde und die Mitglieder meiner Selbsthilfegruppe mit deren Kindern zu Daniels Geburtstagsfeier eingeladen. Es sollte ein richtig schönes Fest werden. Dafür hatten wir im Vorfeld den Garten mit Girlanden und Luftballons geschmückt. Stu grillte mit meinem Bruder Rainer Fleisch auf der Terrasse unter der Markise und ich hatte gemeinsam mit Jillian und meiner Schwester Ute ein Büfett aufgebaut. Daniels Geburtstagskuchen mit einem lustigen Clownsgesicht platzierte ich auf einen extra Tisch, damit er gut zur Geltung kam. Ich hatte die Torte am Morgen gebacken und war froh, dass sie mir so gut gelungen war. Mein Nachbar spielte seit Jahren Gitarre in einer Band und ließ es sich nicht nehmen, für unsere Gäste und als Dankeschön für Jillians und meine Gastfreundschaft ein Konzert im Garten zu spielen. Ich beobachtete, wie die Leute sich ausgelassen zu der Musik bewegten, die Kinder freudig herumhüpften und mein kleiner Daniel auf seinem neuen Bobbycar, das er vom Autohersteller BMW als Geburtstagsgeschenk bekommen hatte, durch den Garten kurvte. Der Tag verlief unbeschwert, fast sorgenfrei. Nahezu idyllisch.

Daniels erster Geburtstag erschien mir wie ein Hoffnungsschimmer dafür, dass es doch immer irgendwie weitergeht. Ich wusste zu diesem Zeitpunkt schon, dass noch weitere Operationen auf ihn zukommen würden, und nahm die schönen Stunden als Kraftquelle und

Motivation, um mich den Herausforderungen zu stellen, die in der nahen Zukunft auf mich warteten. Jede Operation bedeutete nämlich nicht nur ein hohes Risiko für mein Kind, sondern auch einen Tanz auf dem Drahtseil, um die Kosten aufzubringen, die nicht von der südafrikanischen Krankenkasse getragen wurden. Dabei handelte es sich stets um umgerechnet mehrere Tausend Euro, die wir für Daniels Behandlung aus eigener Kraft zusätzlich aufbringen mussten. Auch stellte sich nie die Frage, wie wir das schafften, denn wir mussten. Irgendwie. Schließlich ging es immer um das Leben unseres Kindes, das ohne die notwendigen medizinischen Eingriffe und Behandlungen nicht weiterleben konnte.

Im März 1998 organisierte ich ganz allein meinen ersten Fundraising-Tanz im Deutschen Club von Port Elizabeth, um Spenden für Daniels nächste Operation zu sammeln. Anfangs wusste ich nicht, wie ich solch eine große Veranstaltung am besten auf die Beine stellen sollte. Deshalb war ich froh, wenigstens Betty aus meiner Selbsthilfegruppe an meiner Seite zu haben, die mir wertvolle Tipps gab, damit das Event ein Erfolg wurde. Betty hatte bereits vier solcher Spendenaufrufe für ihr Kind organisiert und wusste genau, worauf es ankam. »Du musst die Veranstaltung vorab richtig bekannt machen, damit möglichst viele Leute kommen, um Geld zu spenden«, sagte sie am Telefon zu mir. »Dabei darfst du ruhig richtig laut klappern und solltest dich nicht hinter falscher Bescheidenheit verstecken.«

»Ich wollte eine Anzeige in der Zeitung aufgeben«, klärte ich sie über meinen Plan auf.

»Das reicht aber nicht, Debbie. Damit wirst du nicht genug Aufmerksamkeit bekommen. Die meisten Leute erreichst du immer noch durch das Radio«, erklärte sie mir. »Radio hören die Leute auf der Arbeit, im Auto, zu Hause, beim Friseur oder im Wartezimmer beim Arzt.«

»Du meinst Radiowerbung? Das kostet doch sicher ziemlich viel Geld.« Ich runzelte die Stirn bei dem Gedanken, einen aufwendigen Radio-Spot produzieren zu lassen. »Ich weiß nicht, ob ich das Geld dafür aufbringen kann.«

»Brauchst du nicht. Ich bin mit einer Redakteurin beim Sender befreundet. Wenn du möchtest, rufe ich sie gleich mal an und gebe ihr deine Nummer, damit sie sich bei dir melden kann.«

»Okay. Und du meinst, sie hilft mir? Ich meine ... kostenfrei?«, fragte ich skeptisch.

»Da bin ich mir sicher. Aber das haben wir gleich. Ich rufe mal eben beim Radiosender an.«

Das tat Betty dann auch sogleich. Wenig später meldete sich eine nette Mitarbeiterin vom Radiosender in Port Elizabeth und bot mir tatsächlich unentgeltlich Hilfe an, um den Fundraising-Tanz zu bewerben.

»Ich weiß gar nicht, was ich sagen soll. Ich bin einfach nur dankbar«, sagte ich zu der Dame am Telefon, nachdem sie mir angeboten hatte, mehrmals am Tag während des laufenden Radioprogramms auf den Fundraising-Tanz hinzuweisen. Das war wirklich ein großer Schritt nach vorn für mich, um an möglichst viele Spendengelder zu kommen.

»Ach, das machen wir gern. Es ist doch für einen guten Zweck«, antwortete sie mir fröhlich.

Die Radiodurchsagen stellten sich allerdings als bloß ein kleiner Teil der Dinge heraus, die für den Fundraising-Tanz in die Wege geleitet werden mussten. Die Veranstaltung wurde im Vorfeld von mehreren Zeitungen beworben und ich ließ zusätzlich T-Shirts mit Fotos von Daniel und allen Namen der Sponsoren drucken, die ich für unseren Spendenaufruf gewinnen konnte. Im Deutschen Club in Port Elizabeth wurde extra ein riesiges Festzelt errichtet, in dem eine Band für die Gäste spielte. Außerdem gab es neben Essen und Trinken eine Tombola für alle Gäste, die ein Ticket erworben hatten.

Am Tag der Spendenveranstaltung war ich ziemlich nervös. Hoffentlich kam wirklich genug Geld für Daniels Operation zusammen! Was ich tun würde, wenn nicht, das wusste ich nicht. Es gab bis zu diesem Zeitpunkt keinen Plan B. Das Einzige was es in mir gab, war mein Vertrauen auf Gott und darauf, dass er Daniel weiterhin beschützen und uns helfen würde, damit alle notwendigen Maßnahmen für das Leben meines Kindes ergriffen werden konnten. Ich betete an diesem Morgen in unserem Schlafzimmer für den guten Ausgang des Fundraising-Tanzes. Ich bat um Spendengelder in Höhe der fehlenden 30 Prozent. Mehr wollte ich nicht. Nie wäre es mir in den Sinn gekommen, mich durch Spenden persönlich zu bereichern. Dieses Geld sollte einzig und allein der ärztlichen Behandlung meines Kindes zugutekommen.

Als der Fundraising-Tanz begann, zählten meine Schwester Ute und ich in einem Nebenraum vom Deutschen Club die Bons der verkauften Tickets zusammen.

»Ich habe zweihundertachtundneunzig Bons. Und du?«, wollte sie wissen.

Ich schluckte und spürte, wie mir die Tränen in die Augen stiegen. »Dreihundertvier«, sagte ich fast tonlos. Ich konnte nicht glauben, dass wir tatsächlich knapp über sechshundert Tickets verkauft hatten.

Ute schaute mich besorgt an. »Ist das zu wenig?«

»Nein.« Ich schüttelte den Kopf und wischte mir die Tränen aus dem Gesicht, die mir über die Wangen liefen. »Mit den Sponsorengeldern reicht das aus. Daniels OP kann damit bezahlt werden und auch die notwendigen Medikamente.« Ich konnte immer noch nicht glauben, dass wir es tatsächlich geschafft hatten.

Auf dem Weg zurück ins Festzelt schaute ich hoch zum Abendhimmel, den unzählige Sterne bedeckten. »Danke, lieber Gott«, flüsterte ich und hielt einen Moment inne. Dann beeilte ich mich, meine Schwester Ute einzuholen, die geradewegs auf meine Schwiegermutter zusteuerte, die auf Daniel aufgepasst hatte, um ihr die gute Nachricht zu überbringen. Daniel saß in seinem Kinderwagen und war trotz der fortgeschrittenen Abendstunde putzmunter. In seinen Händen hielt er zwei Trommelstöcke und trommelte damit zu der Musik. Er lachte mich an, und fast kam es mir vor, als ob er mir sagen wollen würde. »Warum hast du dir eigentlich solche großen Sorgen gemacht? War doch klar, dass du es schaffst. Schließlich bist du doch meine Mama.«

9

Veränderungen

Die Gewissheit, genügend Geld für Daniels nächste Operation zu haben, erleichterte einiges. Alte Sorgen erledigten sich dadurch. Jedoch brauten sich am Horizont bereits neue Probleme wie Gewitterwolken zusammen, ohne dass ich es zunächst mitbekam. Ich war viel zu sehr mit Daniels Versorgung, der Koordination von Arztterminen, Krankenhausaufenthalten und Treffen meiner Selbsthilfegruppe beschäftigt, um zu bemerken, dass sich etwas verändert hatte. Etwas Wichtiges, das ich völlig aus den Augen verloren hatte. Und wahrscheinlich wäre es mir erst sehr viel später aufgefallen, wenn mich nicht eines Tages meine Schwester Ute direkt darauf angesprochen hätte.

»Wo ist eigentlich Paul?«, fragte sie mich. Wir saßen abends auf unserer Terrasse und genossen kühle Getränke. Daniel schlief bereits und mein Sohn Ryan übernachtete bei einem Freund, weil er am nächsten Tag schulfrei hatte.

»Der ist nach der Arbeit direkt zur Bandprobe seiner Freunde gefahren«, sagte ich und schaute auf meine Armbanduhr, die fast 22 Uhr anzeigte. »Es kann noch eine gute Stunde dauern, bis die Probe vorbei ist. Willst du etwas Bestimmtes von Paul?«

»Nein.« Ute machte eine wegwerfende Handbewegung. »Ich habe nur gerade überlegt, wann ich ihn das letzte Mal gesehen habe. Als du mit Daniel im Krankenhaus warst, war er nicht dort. Letztes Wochenende ist er auch nicht mit zu Rainers Grillparty gekommen. Das kam mir komisch vor, deshalb habe ich dich auf Paul angesprochen. Zumal Rainer mich auch gefragt hat, warum dein Mann nicht mitgekommen ist. Früher war er doch immer dabei ...«

»Na ja ... er kümmert sich eben viel um Ryan, wenn ich mit Daniel im Krankenhaus bin, und dann hat er ja auch noch seine Band«, sagte ich leichthin. Doch je mehr ich darüber nachdachte, desto bewusster wurde mir, dass sich Paul immer stärker aus dem Geschehen rund um Daniel ausgeklinkt hatte. Mir fiel auf, dass er sich unter der Woche regelrecht in seiner Arbeit verkroch und am Wochenende meistens mit den Männern aus seiner Band zusammen war. »Aber ganz unrecht hast du nicht. Er ist viel weniger zu Hause als früher«, gab ich schließlich zu. Ich wusste durch die Leute aus meiner Selbsthilfegruppe, dass viele Ehen wegen eines kranken Kindes in Gefahr gerieten und sogar scheiterten. Doch diesen Gedanken schob ich beiseite, bevor ich allzu viel Kraft in ihn steckte. Schließlich brauchte ich all meine Energie für Daniel und konnte mir deswegen den ›Luxus‹ einer Beziehungskrise gar nicht leisten.

Daniels nächste Herzoperation fand am 18. Dezember 1998 in Kapstadt statt. Seit seiner Geburt war seine verbleibende Herzhälfte vergrößert und er hatte keinen richtigen Blutkreislauf. Durch die Operation sollte ein künstlicher Kreislauf hergestellt werden, damit sich arterielles und venöses Blut nicht mehr vermischen konnten.

Daniel und ich waren erneut mit dem Flugzeug nach Kapstadt geflogen. Mein Mann war mit Ryan in Port Elizabeth geblieben.»Mach dir keine Sorgen um Ryan und mich. Wir sind ein eingespieltes Team, Debbie«, hatte er beim Abschied zu mir gesagt. Einerseits war ich froh darüber, Paul bei Ryan zu wissen. Andererseits aber kam es mir so vor, als würde es meinem Mann auch gar nicht allzu schlecht in den Kram passen, dass ich allein mit unserem Sohn nach Kapstadt flog und er weiterhin seinem gewohnten Tagesablauf nachgehen konnte. Darauf ansprechen wollte ich ihn zu diesem Zeitpunkt nicht, da ich gedanklich viel zu sehr mit der bevorstehenden Operation beschäftigt war. Besonders grauste es mir wie jedes Mal vor dem Vorgespräch mit dem behandelnden Arzt. Erfahrungsgemäß nahmen mich diese Termine emotional ziemlich mit, da die Ärzte nie besonders gute Prognosen für Daniel hatten.

»Wir rechnen mit einer fünfzigprozentigen Chance, dass Ihr Sohn diese Operation überleben wird«, verkündete der Chirurg mir, dem ich im Behandlungszimmer gegenübersaß.

Ich schluckte und kämpfte gegen die aufsteigende Panik an, die mir fast die Luft zum Atmen nahm. Ich kannte diese Einschätzung bereits und hatte nicht wirklich mit einer besseren Prognose des Arztes gerechnet – so weltfremd war ich nun auch nicht. Trotzdem bohrten sich seine Worte schmerzhaft in mein Herz, als hätte mir jemand ein Küchenmesser hineingerammt.»Okay. Daniel ist ein kleiner Kämpfer. Er wird seine fünfzigprozentige Chance nutzen, da bin ich mir sicher«, versuchte ich so ruhig wie möglich zu reagieren.

Der Arzt erhob sich und reichte mir über den Schreibtisch die Hand. Das Gespräch war beendet.»Ich auch. Wir sehen uns dann morgen früh vor der Operation.«

Als ich auf den Krankenhausflur hinaustrat, setzte ich mich kurz auf einen der Stühle, die an den Wänden standen. Auf mein Kind passte währenddessen eine Kinderkrankenschwester auf, die uns zuvor auf Daniels Einzelzimmer gebracht hatte. Ich legte den Kopf in den Nacken und lehnte ihn gegen die Wand. Dann schloss ich die Augen und atmete kurz durch, um mich wieder zu sammeln. Eigentlich musste ich trotz allem dankbar und zufrieden sein. Dieses Mal hatte ich wenigstens finanzielle und praktische Unterstützung von BMW bekommen, die unsere Flüge nach Kapstadt sowie die Hotelunterkunft und einen Leihwagen gezahlt hatten. Besonders für den Leihwagen war ich sehr dankbar, da ich Daniel so problemlos vom Flughafen ins Krankenhaus fahren konnte und flexibler von A nach B kam als mit einem Taxi oder öffentlichen Verkehrsmitteln.

Nach dem Mittagessen hatte ich noch einen Termin bei einem anderen Arzt im Krankenhaus. Vor diesem Termin graute es mir besonders. Daniel sollte nicht nur am Herzen operiert werden, sondern musste sich auch einer komplizierten Rückenoperation unterziehen. Ich hatte im Vorfeld schon einiges über diese Art von Eingriffen recherchiert, und sollte sich auch nur die Hälfte der dabei möglichen Komplikationen ergeben, dann war die Vorbesprechung für die Herzoperation fast ein Kinderspiel.

Trotz meiner großen Angst vor diesem Termin schaffte Dr. Bradford es, dass ich mich in seiner Gegenwart halbwegs wohlfühlte und einen Hauch von Vertrauen zu ihm aufbaute. Obwohl es mir furchtbar schwerfiel, den Ärzten zu vertrauen, wenn es um Daniel ging, schließlich hatten sie mir ja auch erst erzählt, ich hätte ein kerngesundes Kind zur

Welt gebracht, und mir am nächsten Tag die Hiobsbotschaft präsentiert, dass mein Sohn todkrank war.

Dr. Bradford nahm sich viel Zeit für mich, was ebenfalls keine Selbstverständlichkeit war. Er erklärte mir geduldig das Vorgehen während der Operation und unterrichtete mich über die notwendigen Schritte in der Zeit danach. »Nach der Operation wird Daniel ein Korsett tragen müssen. Er darf nicht stehen oder laufen«, bestätigte er meine Befürchtungen.

Ich schüttelte den Kopf. »Aber wie soll das gehen?«, fragte ich verzweifelt. »Daniel ist erst zwei Jahre alt. Er wird nicht verstehen, dass er sich nicht bewegen darf.«

»Da gebe ich Ihnen uneingeschränkt recht. Zum Glück hat er aber Sie. Seine Mutter, die für ihn da sein wird. Mit Ihrer Hilfe wird Daniel es schaffen«, ermutigte der Arzt mich. »Doch zuvor müssen wir Daniel noch röntgen und auch ein MRT machen, damit wir auf dem aktuellen Stand sind.«

Durch die bereits festgestellte Skoliose bei Daniel waren die Untersuchungen, die am gleichen Tag noch stattfanden, vorhersehbar und keine große Überraschung. Danach schickte Dr. Bradford erneut nach mir, um die Ergebnisse zu besprechen. »Bei der Operation müssen wir die überzähligen Halbwirbel weglasern, um die Wirbelsäule Ihres Kindes zu begradigen«, erklärte er mir.

»Okay«, sagte ich und nickte. Damit hatte ich gerechnet. »Welche Risiken birgt dieser Eingriff für mein Kind?«, stellte ich fast schon routiniert die entscheidende Frage.

»Obwohl dies eine Routine-OP ist, die wir hier ständig durchführen, stellt jede Narkose natürlich ein Risiko für

Daniels Herz dar. Das muss ich leider so klar sagen«, sagte Dr. Bradford.

»Ja, dessen bin mir bewusst. Gibt es noch zusätzliche Gefahren? Dinge, mit denen ich rechnen muss?« Hoffentlich nicht, betete ich still vor mich hin. Ehrlich gesagt reichte mir bei jeder Operation schon die fünfzigprozentige Chance, dass mein Kind überlebte. Damit war ich bereits mehr als gut bedient. Weitere Komplikationen und Risiken brauchte ich wirklich nicht.

»Es besteht das Risiko, dass während des Eingriffs Nerven getroffen werden und Daniel dadurch querschnittsgelähmt werden könnte.«

»Wie hoch ist diese Chance?«, fragte ich und versuchte dabei die entstehenden Bilder aus meinem Kopf zu vertreiben: Daniel herzkrank und im Rollstuhl. Eine Horrorvorstellung, die ich am besten nach dem Gespräch mit Dr. Bradford gleich wieder vergaß, damit ich nicht vor Sorge durchdrehte.

»Es ist ein theoretisches Risiko. Es ist uns hier noch nie passiert«, wirkte er beruhigend auf mich ein.

Ich konnte mir nicht helfen, irgendwie vertraute ich diesem Mann und hoffte, dass am Ende doch noch alles gut werden würde.

Die zwei Operationen machten es erforderlich, dass Daniel und ich acht Wochen im Krankenhaus bleiben mussten. Sein Kämpferherz hatte ihn jede der beiden Operationen überstehen lassen. Ich war unheimlich stolz auf mein Kind und bewunderte seine Tapferkeit, mit der er jeden Eingriff, die Schmerzen und die mitunter qualvollen Nachbehandlungen erduldete. Jede einzelne Operation brachte jedoch nicht nur hohe Risiken für Daniel mit sich, sondern führte auch zu Entwicklungsverzögerungen, die ihn deutlich von anderen gleichaltrigen Kindern unterschieden. Das Laufen hatte er mit deutlicher Verzögerung gelernt, weil er viel zu oft in Krankenbetten liegen musste und sich nicht wie andere Zweijährige bewegen durfte. Natürlich machte ich mir darüber Gedanken, doch waren diese Probleme im Vergleich zu den Sorgen um Daniels Herz und seinen Rücken äußerst gering. Fast erschienen sie mir wie Luxus-Sorgen. Wären Daniels Entwicklungsverzögerungen beim Laufen meine einzigen Probleme gewesen, ich wäre die glücklichste Mutter auf der ganzen Welt gewesen.

10

Ein Brief aus Deutschland

»Ich wünsche Ihnen viel Erfolg mit dem Salon. Ich habe meinen Stammkunden bereits gesagt, dass Sie gut sind und sie sich ruhig bei Ihnen die Nägel machen lassen können.« Im Frühjahr 1999 übergab ich mit einem lachenden und einem weinenden Auge den Schlüssel meines Kosmetiksalons an Mrs Taylor, die neue Besitzerin. Nach reiflicher Überlegung war ich zu dem Entschluss gekommen, meinen Kosmetiksalon zu verkaufen. Seit Daniels Geburt konnte ich meiner Arbeit nicht mehr regelmäßig nachgehen. Die intensive Betreuung meines Kindes war einfach viel zu zeitaufwendig, als dass ich mich um meinen Salon hätte kümmern können. So hatte ich in den letzten zwei Jahren immer wieder Aushilfen einstellen müssen, damit der Betrieb irgendwie weiterging. Doch das war auf Dauer keine Lösung, und ich musste erkennen, dass in absehbarer Zeit keine Änderung meiner Situation eintreten würde. Daniels Gesundheitszustand würde sich noch lange nicht bessern. Mein Sohn war auf mich und meinen vollen Einsatz angewiesen. Deswegen hatte ich eines Abends mit meinem Mann gesprochen, als er von einer Bandprobe nach Hause kam.

»Paul, ich muss etwas Wichtiges mit dir besprechen«, fing ich ihn vor der Badezimmertür ab.

»Können wir das machen, nachdem ich geduscht habe?«

»Nein, es muss jetzt sein. Nach dem Duschen willst du doch eh nicht mehr reden«, antwortete ich. Meistens schaute Paul nach dem Duschen höchstens noch eine Sportsendung im Fernsehen, bevor er zu Bett ging, und war nicht mehr in Plauderlaune.

»Also gut.«

Ich folgte meinem Mann ins Wohnzimmer, wo er sich mit einem Handtuch über der Schulter auf das Sofa plumpsen ließ. »Worum geht es denn? Ist was mit Daniel?«

»Es geht um mich und um Daniel.«

Paul zog die Augenbrauen hoch. »Um dich? Ist was mit dir?«

»Gewissermaßen um mich. Eigentlich geht es um den Kosmetiksalon. Ich möchte ihn verkaufen?«

Paul sah mich überrascht an. »Du willst den Laden verkaufen? Wirklich?«, fragte er mich. Paul wusste, wie viel mir mein Salon bedeutete. Ich wollte immer eigenständig sein und war es bis zu dem Moment auch. Es war einfach nicht meine Art, finanziell von meinem Ehemann abhängig zu sein. Ich hatte stets mein eigenes Geld verdient und dadurch einen Beitrag zu unserem gemeinsamen Leben geleistet.

Doch das war vor Daniel. Mit Daniels Geburt hatte sich mein Leben komplett verändert, und nach über zwei Jahren war ich zu der Erkenntnis gekommen, dass ich nicht einfach so mit meinem Leben weitermachen konnte. Meine Lebenssituation hatte ich sich von Grund auf verändert, und das erforderte eben auch, dass ich meine Einstellung bezüglich meiner Eigenständigkeit überdachte und anpasste. Für mein Kind und gegen mein eigenes Ego.

Ich zuckte die Schultern. »Was bleibt mir anderes übrig? Daniel braucht mich vierundzwanzig Stunden am Tag, und da bleibt mir keine Zeit, um im Salon zu arbeiten. Ich habe ein gutes Angebot von einer Dame bekommen, das ich gern annehmen möchte.«

»Hm«, brummte Paul und legte die Stirn in Falten. »Das würde bedeuten, dass ich Alleinverdiener wäre und mit meinem Gehalt die ganze Familie versorgen müsste.«

»Wir bekommen aber auch Geld für den Salon«, gab ich zu bedenken. »Und wer weiß, vielleicht ändert sich die Situation auch mal und ich kann wieder arbeiten gehen.«

Paul überlegte eine Weile, doch dann nickte er. »Einverstanden. Dann verkauf den Salon.«

Ich war erleichtert, umarmte ihn und küsste ihn auf die Stirn.

Dieses Gespräch war nun knapp vier Wochen her. Mit Mrs Taylor war ich mir schnell über die Details des Kaufvertrags einig gewesen. Ich schüttelte der Dame die Hand und verließ dann meinen ehemaligen Kosmetiksalon. Auf der anderen Straßenseite hatte ich mein Auto geparkt. Vor dem Wagen blieb ich stehen und drehte mich noch einmal zu meinem Laden um, an dem immer noch das Schild »Debbie's Beauty Salon« angebracht war. Hier ging nun ein Lebensabschnitt zu Ende, einfach so, dachte ich wehmütig und erinnerte mich an die schöne Zeit zurück. An den Tag der Geschäftseröffnung, an meine erste Kundin, meine lieben Stammkunden und die Freude, die mir meine Arbeit bereitet hatte. Natürlich gab es auch harte Zeiten, so wie in jeder Selbstständigkeit, doch die schönen Ereignisse überwogen deutlich.

Dann schloss ich das Auto auf und stieg ein. Meine Schwester Ute passte auf Daniel auf und wartete bestimmt schon darauf, dass ich zurückkam.

»Du hast Post«, empfing mich meine Schwester, die meine Rückkehr bereits auf der Veranda erwartet hatte, und wedelte mit einem Brief vor meiner Nase hin und her. »Aus Deutschland. Von Martin«, sagte sie bedeutungsvoll.

»Gib schon her«, sagte ich und nahm ihr lachend das Kuvert mit der Luftpostmarke ab.

Von meinem achten bis zum achtzehnten Lebensjahr hatte ich in Deutschland gelebt und dort Martin kennengelernt, dessen Familie teilweise ebenfalls in Port Elizabeth lebte. Zuerst hatte sich eine Kinderfreundschaft entwickelt, und später war Martin meine erste große Liebe geworden. Als ich mit achtzehn Jahren wieder nach Südafrika zurückkehrte, hatten Martin und ich uns versprochen, in Kontakt zu bleiben. Das Versprechen hatten wir nicht gebrochen. Zu dem Zeitpunkt waren das Internet, E-Mails, Skype und Facebook noch Zukunftsmusik. Auslandsgespräche waren extrem teuer und von Flugreisen gar nicht zu reden. So blieb uns nur das Briefeschreiben. In einer Schublade meines Kleiderschranks hatte ich eine Schachtel, in der ich Martins Briefe aufbewahrte. Zum Glück war Paul nicht neugierig und wusste wahrscheinlich noch nicht einmal etwas von der Existenz der Schachtel und deren Inhalt.

Der Kontakt zu Martin war über all die Jahre nicht abgebrochen, und wenn er zu Besuch bei seiner Familie in Südafrika war, sahen wir uns jedes Mal. Er war allerdings auch derjenige gewesen, der mir damals von der Heirat mit

Paul abgeraten hatte. Wir hatten uns damals während eines Campingurlaubs am Strand zu einem Spaziergang getroffen, und ich hatte ihm von meinen Heiratsplänen erzählt. »Dieser Typ ist nicht gut genug für dich, Debbie«, hatte er damals gesagt. Doch ich wollte nicht auf ihn hören. Ich war bis über beide Ohren in Paul verliebt und fest entschlossen, diesen Mann zu heiraten und mit ihm eine Familie zu gründen – was ich dann ja auch tat.

Zwar waren meine Gefühle für Martin nie ganz weg gewesen, doch war ich mir bewusst, dass wir keine gemeinsame Zukunft gehabt hätten: er in Deutschland, ich in Südafrika. Wie hätten wir unter diesen Umständen eine Beziehung führen können? Deshalb stand für mich fest, meine Zukunft in Südafrika würde zusammen mit Paul stattfinden.

Ich riss den Briefumschlag auf und überflog den handgeschriebenen Text. Meine Schwester beobachtete mich. »Und? Gute Nachrichten aus Hamburg?«, fragte sie neugierig.

»Martin kommt nach Port Elizabeth, um seinen Onkel zu besuchen«, sagte ich und musste dabei lächeln. Ich freute mich riesig über diese Nachricht. Als ich Martin das letzte Mal gesehen hatte, war Daniel noch nicht auf der Welt gewesen. »Und er will mich sehen.«

»Na, selbstverständlich will er das. Das will er doch immer«, meinte Ute und grinste mich an. »Alte Liebe rostet nicht.«

»Ach, hör auf. Was du immer redest.« Lachend knuffte ich meine Schwester in die Seite, obwohl ich wusste, dass sie mit ihrer Bemerkung gar nicht so falsch lag.

Oft hatte ich in der Vergangenheit an Martins Worte gedacht. Was wäre passiert, wenn ich seinen Ratschlag beherzigt und Paul nicht geheiratet hätte? Wäre ich dann mit einem anderen Mann verheiratet? Vielleicht sogar mit ihm? Würde ich dann eventuell in Hamburg leben? Meistens wischte ich diese Spekulationen schnell wieder weg. Was brachte es schon, sich über ein Hätte, Könnte oder Wenn Gedanken zu machen? Außerdem wären Daniel und Ryan nie entstanden, wenn ich mich gegen Paul entschieden hätte. Nein, ich hatte alles richtig gemacht. Auf meine beiden Söhne wollte ich um nichts auf der Welt verzichten. Trotzdem spürte ich, wie sich ein aufregendes Kribbeln in meinem Körper ausbreitete. Martin würde endlich wieder nach Südafrika kommen. Ich konnte es kaum bis zu dem Tag abwarten, an dem er mit dem Flugzeug in Port Elizabeth landete.

In der Nacht vor dem Treffen mit Martin konnte ich vor Aufregung kaum schlafen. Wir hatten uns mittags in einem Restaurant am Strand verabredet. Fast den gesamten Morgen verbrachte ich vor dem Spiegel und probierte ein Kleid nach dem anderen an. Auf dem Ehebett türmte sich bereits ein Berg Kleidungsstücke, als Ute vorbeikam. »Gut, dass du kommst. Ich kann mich nicht entscheiden. Soll ich das blaue oder das schwarze Kleid anziehen?«, fragte ich sie.

»Das schwarze.« Meine Schwester lief zu Daniel, der auf dem Fußboden mit Bauklötzen spielte, und streichelte ihm über sein rotes Haar. »Nimmst du Daniel eigentlich mit oder soll ich auf ihn aufpassen?«

»Natürlich nehme ich ihn mit. Martin kennt ja bloß Ryan, Daniel hat er noch nie gesehen. Außerdem hat er mich gefragt, ob ich Daniel mitbringen könnte.«

Ich kam zwanzig Minuten zu früh auf dem Parkplatz des Restaurants an. Besser zu früh als zu spät, dachte ich mir und nahm Daniel auf den Arm. Mir machte es nichts aus, ein paar Minuten auf Martin zu warten. So konnte ich uns schon mal einen schönen Tisch aussuchen und mir und Daniel etwas zu trinken bestellen. Doch aus meinem Plan wurde nichts. Als ich auf den Außenbereich des Lokals zusteuerte, sah ich ihn schon. Er war ebenfalls zu früh und hatte für uns einen Tisch unter einem großen Sonnenschirm ausgesucht. Mein Herz klopfte nun bis zum Hals und ich fühlte mich mit einem Mal wie ein verliebter Teenager. Als er mich und Daniel sah, erhob er sich sofort und eilte auf uns zu. Er schloss mich und mein Kind in die Arme, als wollte er uns nie wieder loslassen, und ich fühlte mich mit einem Mal so unendlich geborgen, wie ich mich schon seit Jahren nicht mehr gefühlt hatte. Dann trat er einen Schritt zurück und schaute mich ernst an. Diesen Blick kannte ich. Es war der gleiche, mit dem er mir damals von der Heirat mit Paul abgeraten hatte. »Du siehst erschöpft aus. Du brauchst dringend Urlaub, Debbie«, sagte er ohne Umschweife in seiner direkten Art, die ich so sehr mochte.

»Ach, Martin.« Ich schüttelte lächelnd den Kopf, obwohl ich wusste, dass er recht hatte. »Urlaub? Das geht doch nicht.«

Wir setzten uns an den Tisch, und Martin nahm Daniel auf den Schoß. Mein Kind fasste sofort Vertrauen zu ihm; fast hätte man meinen können, die beiden kannten sich schon ewig.

»Süß, dein Sohn«, sagte Martin und machte allerhand Späße mit Daniel. »Aber wieso kannst du keinen Urlaub nehmen? Du hast doch deinen Salon verkauft, und du könntest bei mir in Hamburg wohnen«, griff er das Thema erneut auf, nachdem wir etwas zu essen bestellt hatten.

»Und was wird mit Daniel? Soll er etwa alleine zu den Ärzten fahren?«, fragte ich scherzhaft und verdrehte dabei lachend die Augen.

»Natürlich nicht. Dafür lässt sich bestimmt eine Lösung finden. Immerhin hast du deine Familie hier, und so wie ich sie kenne, würden sie dich für eine Weile vertreten.«

»Ich weiß nicht, Martin ...«, sagte ich zögerlich. »Was wäre ich denn für eine Mutter, wenn ich mein krankes Kind in Südafrika lasse und bei dir in Hamburg Urlaub mache?«

»Eine Mutter, die mal eine Verschnaufpause braucht und ihr Kind bei ihrer Familie gut versorgt weiß«, antwortete er. Martin schien schon den perfekten Plan für mich im Kopf zu haben. »Überleg es dir einfach. Meine Einladung steht.«

Das tat ich dann auch. Nach reiflicher Überlegung nahm ich die Einladung meiner Jugendliebe nach Hamburg tatsächlich an. Ich wollte für drei Wochen bei Martin in Hamburg bleiben, fernab von Port Elizabeth meinen Kopf frei bekommen und mich endlich mal wieder spüren. Gespürt hatte ich mich schon länger nicht mehr, weil dafür einfach kein Platz in meinem Alltag war. Noch nicht einmal für diesen Gedanken. Ich hatte mich voll und ganz der Versorgung meines jüngsten Sohnes verschrieben und das tat ich mit Herzblut an jedem einzelnen Tag. Hätte Martin nicht seine Einladung nach Hamburg ausgesprochen, wäre ich vermutlich nie auf die Idee gekommen, dass ich trotz allem ein Recht darauf hätte, auch mal an mich zu denken. Was für mich aber feststeht: Mein Leben hätte nie eine solche Wende genommen, die ich selbst dann noch nicht für möglich gehalten hatte, als ich mit einem Plastikbecher heißem Kaffee in der Hand aus dem Fenster des Flugzeugs schaute, das bald in Hamburg landen sollte. Paul hatte meinen Entschluss, für drei Wochen nach Deutschland zu fliegen, überraschend ruhig aufgenommen. »Und wer kümmert sich während deiner Abwesenheit um Daniel? Ich bekomme keinen zusätzlichen Urlaub«, war seine größte Sorge gewesen. Die Tatsache, dass seine Frau für drei Wochen alleine Urlaub in Hamburg machte und währenddessen bei einem anderen Mann wohnte, schien ihn nicht sonderlich zu beunruhigen. Das wäre eigentlich für mich ein Grund gewesen, ein wenig beleidigt zu sein, doch ich war froh, dass er sonst keine Einwände hatte. Ich wollte nämlich unbedingt nach Hamburg, um Martin wiederzusehen. Meine Gedanken kreisten unaufhörlich um unser Treffen, und manchmal hatte ich deshalb ein richtig schlechtes Gewissen, denn meine volle Konzentration sollte eher bei meinem Sohn sein und nicht von dem immer stärker werdenden Kribbeln im Bauch gestört werden, das ich seit Martins Besuch in Port Elizabeth nicht mehr ignorieren konnte.

Anfangs hielt ich Martins Einladung noch für eine Schnapsidee. »Wie soll das denn gehen?«, hatte ich ihn immer wieder gefragt.

»Deine Familie wird dir helfen, damit du kommen kannst«, beharrte er die ganze Zeit auf seiner Meinung und sollte am Ende tatsächlich recht behalten. Daniels Großvater versprach mir, Daniels und Ryans Betreuung für die gesamten drei Wochen zu übernehmen.

Zuerst dachte ich, ich hätte mich verhört. »Ist das dein Ernst?«, hatte ich vorsichtig nachgefragt.

»Mein voller Ernst«, bestätigte er mir. »Du hast auch mal ein Recht auf eine Pause. Da kann ich Martin nur zustimmen.«

»Du weißt schon, dass es Daniel von jetzt auf gleich schlechter gehen kann und du mit ihm ins Krankenhaus müsstest?«, hatte ich nachgehakt.

Er nickte bloß. »Natürlich. Bin ja nicht senil«, bekam ich als Antwort zu hören.

Martin holte mich vom Flughafen ab. Er wartete bereits mit einem großen Blumenstrauß für mich in der Ankunftshalle. Ich hatte mit vielem gerechnet, aber nicht mit solch einem Empfang. *Wann hatte ich das letzte Mal Blumen von einem Mann bekommen*, überlegte ich, während ich auf Martin zulief und meinen Rollkoffer hinter mir herzog. Ich konnte mich nicht erinnern. Woran ich mich aber bis heute ganze genau erinnern kann, war Martins Umarmung. In dem Moment, als er mich zur Begrüßung in die Arme nahm, fühlte es sich einfach nur richtig und wie eine Heimkehr an. Es war so ein starkes Gefühl, dass ich in diesem Augenblick keinerlei Gewissensbisse wegen Daniel oder Paul spürte. Ich ließ mich vom Glück des Moments davon tragen und wünschte mir, die Umarmung würde nie enden. Ich schloss jede einzelne Sekunde davon in mein Herz und nahm mir vor, die Erinnerung daran für immer zu bewahren.

Die gemeinsamen Tage und Wochen mit Martin waren für mich wie ein Traum. Er zeigte mir Hamburg, den Hafen, in dem er arbeitete, die Speicherstadt, führte mich in urige Seemannskneipen fernab der Touristenströme und ließ sich sogar zu einer Sightseeing-Tour mit dem Bus überreden, damit ich für meine Kinder und den Rest der Familie wenigstens ein paar Fotos von den wichtigsten Sehenswürdigkeiten der Hansestadt schießen konnte. »Sonst fragen die mich noch, was wir die ganze Zeit gemacht haben«, sagte ich scherzhaft, spürte aber gleichzeitig, wie unheimlich gut mir Martins Nähe tat.

Während meiner Zeit in Hamburg blühte ich regelrecht auf. Ich fühlte mich in der norddeutschen Stadt nicht nur von der ersten Sekunde an heimisch, es fühlte sich so an, als wäre ich endlich an dem Ort und bei dem Mann angekommen, zu denen ich gehörte. Je länger ich bei Martin blieb, desto bewusster wurde mir, dass meine Ehe tief in der Krise steckte. Eine Tatsache, über die ich mir in Südafrika nie wirklich Gedanken gemacht hatte, die sich aber nun mit der nötigen Distanz nicht mehr leugnen ließ.

Die drei Wochen vergingen wie im sprichwörtlichen Fluge. Mit Grausen zählte ich die Tage, die mir noch mit Martin blieben, bevor ich wieder zurück nach Port Elizabeth, zurück zu meiner Familie reisen musste. Wie gern wäre ich für immer bei Martin geblieben und hätte meine Kinder einfach nachkommen lassen. Doch das ging natürlich nicht, wenngleich Martin nichts dagegen gehabt und meine Söhne mit offenen Armen bei sich aufgenommen hätte.

Am Ende meines Urlaubs waren Martins und meine Gefühle füreinander so stark wie noch nie zuvor. Wir waren verzweifelt, weil wir nicht wussten, wie es mit uns weitergehen sollte. »Ich kann meine Kinder nicht einfach im Stich lassen. Ich muss zurück nach Südafrika«, sagte ich unter Tränen zu ihm am Abend, bevor ich meine Rückreise antrat.

»Das musst du«, sagte Martin und nahm mich tröstend in den Arm. »Alles andere würde mich schwer enttäuschen.«

»Ich glaube fest daran, dass wir mit Gottes Hilfe einen Weg finden werden«, schluchzte ich.

Martin wischte mir die Tränen mit einem Finger aus dem Gesicht und sah mir dann tief in die Augen. »Ich werde dir jeden Tag schreiben. Das verspreche ich dir.«

Und er hielt sein Versprechen. Der Briefträger in Port Elizabeth brachte mir schon bald täglich ein Kuvert mit einem blauen Luftpostaufkleber aus Deutschland. Der Absender: Martin.

11

Überlebenschancen

Martins Briefe gaben mir Kraft zum Weitermachen und linderten den großen Trennungsschmerz etwas. Paul ahnte nichts von den Briefen aus Deutschland, die mich täglich erreichten, wenn er bei der Arbeit war. Ich versteckte sie gut und war mir sicher, dass mein Mann nie hinter dieses Geheimnis kommen würde.

Am 4. April 2000 war Daniels dritte Herzoperation in Kapstadt geplant. Zuvor gab es für mich wieder eine Menge zu tun. Nicht nur das Organisatorische musste durchgeplant werden, vor allem galt es erneut, die fehlenden Behandlungskosten im Vorfeld durch Spenden zusammenzubekommen. Zu der Autofirma BMW hatte ich mittlerweile einen guten Draht und fragte deswegen dort an, ob sie sich vorstellen konnten, uns auch diesmal bei der Finanzierung von Daniels Operation zu unterstützen. Glücklicherweise konnten sie das und schlugen mir vor, einen Golftag für Daniel zu veranstalten, bei dem Spendengelder gesammelt werden sollten. Ich fand die Idee sofort klasse. BMW lud zu dem Golfevent eine Vielzahl südafrikanischer Prominenter ein, die für den guten Zweck Bälle über die Rasenfläche schlugen. Sogar Daniel durfte mitspielen und hatte sichtlich Freude daran, die kleinen weißen Bälle in die vorgesehenen Löcher zu befördern. Für Essen und Trinken war neben der sportlichen Betätigung ebenfalls gesorgt worden und außerdem konnten alle Teilnehmer an einer großen Tombola mit vielen Preisen teilnehmen. Die gesamten Erlöse des Golftages wurden für Daniels Operation gespendet.

Natürlich war ich auch dieses Mal wieder äußerst nervös und betete immer wieder im Stillen vor mich hin zu Gott, dass das fehlende Geld zusammenkommen würde. Ich wollte mir gar nicht vorstellen, was passieren würde, wenn das Geld nicht reichte. Daniels Wohlergehen hing nicht nur gesundheitlich am seidenen Faden, sondern war auch finanziell vom Wohlwollen der Spender abhängig. Umso erleichterter war ich am Ende des Golftages. Der fehlende Betrag für Daniels Behandlung war in der Tat zusammengekommen, sodass wenigstens diese Sorge von meinen Schultern genommen wurde.

Viel größere Sorgen bereiteten mir die Gedanken an die bevorstehende Operation an sich. Bei dem Eingriff sollte Daniels Blutkreislauf weiter umgebaut werden, wofür mein Sohn insgesamt vier Operationen überstehen musste. Ziel des Eingriffs war, einen Bypass zu legen. Das hörte sich erst mal nicht weiter dramatisch an. Normal für solch einen Eingriff, sollte man meinen. Doch bei dem Prozedere sollte Daniels Herz entnommen und dann für die Dauer der Operation auf Eis gelegt werden. Die Ärzte wollten Daniel an eine Herz-Lungen-Maschine anschließen, um ihn so am Leben zu halten.

Bei dieser Vorstellung überlief mich eine Gänsehaut, und sogar noch heute, Jahre danach, lässt mich der Gedanke nicht kalt. Diese Art von medizinischem Eingriff fühlte sich für mich als Mutter nicht menschlich an. Bei der Vorbesprechung mit dem Arzt kam es mir eher so vor, als besprächen wir die Reparatur eines Autos. Einmal komplett überholen bitte. Darf es auch ein neuer Motor sein? Es fühlte sich komplett mechanisch an, als der Chirurg mir sachlich die einzelnen Schritte der Operation erläuterte und ich fragte mich, ob ein Mensch so eine Tortur ernsthaft überstehen konnte. Und wenn ja, wie das überhaupt möglich war. Mir erschien das Vorhaben wie pure Science-Fiction.

In der Nacht vor der Operation konnte ich nicht schlafen. Am Vortag hatten mir die Ärzte im Krankenhaus wiederholt versichert, solche Eingriffe schon x-mal durchgeführt zu haben und routiniert zu beherrschen. Doch das hatte mich nicht beruhigen können. Ich starrte an die Decke und ließ immer wieder die einzelnen Schritte der Operation vor meinem geistigen Auge ablaufen. Mittlerweile war ich mit der Materie bestens vertraut und fühlte mich fast auch schon wie ein halber Arzt. Sozusagen ein Arzt in Ausbildung, wie ich manchmal scherzhaft bemerkte.

Ich versuchte mich mit Logik zu beruhigen. Schließlich hatte Daniel schon andere Operationen überstanden, bei denen seine Chancen genauso standen wie bei dieser hier, nämlich fünfzig zu fünfzig. Doch vergeblich. Meine Intuition ließ sich von vermeintlich logischen Zusammenhängen nicht beeindrucken und funkte weiter Alarmsignale, die sich immer weiter verdichteten, je näher die Operation rückte.

Für Daniel versuchte ich mich zusammenzureißen und gab mich betont gut gelaunt und optimistisch. Mein Sohn sollte unter keinen Umständen meine Unruhe bemerken. Ich hielt seine Hand und strich ihm über die Wange, während der Anästhesist ihm die Narkose verabreichte.

Während der Operation saß ich draußen auf dem Flur. Das tat ich immer. Mich in die Cafeteria des Hospitals zu setzen und nach einer Weile wieder auf die Station zu gehen, wie es andere Eltern taten, kam für mich überhaupt nicht in Frage. Ich wartete vor dem OP-Bereich und rührte mich keinen Zentimeter von der Stelle. Ich wollte in Daniels Nähe sein und meinem Kind so gut ich konnte beistehen.

An diesem Morgen fühlte ich mich anders als sonst. Natürlich hatte ich bei jeder Operation Angst, dass etwas schiefgehen konnte. Welche Mutter hätte das nicht? Aber an diesem Tag spürte ich, wie sich eine übermäßige Angst in mir aufbaute. Fast so, als würde ich sehenden Auges mit hundertfünfzig Sachen auf eine Betonmauer zurasen. Ich schaute regelmäßig zu der mechanischen Tür, die zum OP-Bereich führte, konnte aber nichts Ungewöhnliches feststellen. Alles schien normal zu sein.

»Mach dir keine Sorgen. Daniel wird die Operation überstehen, und die Ärzte wissen, was sie tun«, konnte ich Martins Stimme im Geiste hören, was mich in diesem Moment ein wenig tröstete. Wie gern hätte ich ihn an meiner Seite gehabt, dachte ich wehmütig. Seit einiger Zeit vermisste ich seine Briefe, die sonst täglich bei mir zu Hause ankamen. Seine Worte spendeten mir Trost, gaben mir in jeder Situation Hoffnung und Kraft, um weiterzumachen. Für Daniel. Für eine bessere Zukunft für mein Kind. Vielleicht auch dafür, irgendwann mal mit Martin zusammen sein zu dürfen und mein persönliches Glück zu genießen.

Trotz der Gedanken an Martin wurde mir nach einer Weile gleichzeitig heiß und kalt. Ich löste den Knoten meines Halstuches, weil ich das Gefühl hatte, keine Luft mehr zu bekommen, und fächelte mir mit einer Hand Luft zu. Meine Pulsfrequenz beschleunigte sich, und ich spürte förmlich, dass irgendetwas nicht stimmte. Ich erhob mich von dem unbequemen Stuhl und ging auf die Tür zu und blickte durch das Milchglas auf den Flur, an dem die Operationssäle lagen. Zwei grün gekleidete OP-Schwestern huschten vorbei und verschwanden hinter einer Tür. Dann lag der Gang wieder ausgestorben und still da. Augenscheinlich gab es nichts, was meine Angst hätte nähren können, und trotzdem verdichtete sich mein Gefühl, dass irgendetwas nicht nach Plan lief. Ich ging zurück und setzte mich wieder auf den Stuhl.

Eine Weile später nahm ich hinter der Tür eine Bewegung wahr und sah, dass sich jemand näherte. Ich erhob mich sogleich. Die Tür öffnete sich automatisch und ein Arzt in OP-Montur trat auf mich zu. Ich schluckte und spürte, wie meine Hände zu zittern begannen. Der Eingriff konnte unmöglich schon abgeschlossen sein, dafür war es viel zu früh. Normalerweise kamen während einer Operation auch keine Chirurgen zu den Angehörigen, Es sei denn, etwas lief nicht wie geplant oder schlimmer noch, der Patient hatte den Eingriff nicht überlebt.

»Daniel hat viel Blut bei der Operation verloren. Er muss Blutkonserven bekommen«, unterrichtete mich der Chirurg.

»Aber mein Kind lebt?«, fragte ich verwirrt.

»Daniel lebt. Allerdings muss er nach der OP noch an der Herz-Lungen-Maschine angeschlossen bleiben.«

Dass Daniel Blutkonserven benötigte, beruhigte mich fast, war ich einen Moment doch vom schlimmsten aller Fälle ausgegangen, nämlich seinem Tod. Als Mutter eines schwer kranken Kindes war ich mit der Zeit demütig geworden und hatte gelernt, jeden Augenblick zu schätzen, in dem das Herz meines Sohnes schlug. Wie viel Zeit meinem Sohn blieb, das wusste nur Gott allein.

Daniel musste achtundvierzig Stunden an der Herz-Lungen-Maschine angeschlossen bleiben und bekam wieder Morphin in hohen Dosen verabreicht, um seine schlimmen Schmerzen halbwegs zu lindern. Als ich in Schutzkleidung das Zimmer betrat, in dem mein Kind lag, zuckte ich unwillkürlich zusammen. Ich setzte mich an sein Bett und brauchte einen Moment, um die Eindrücke zu verarbeiten. Mein Sohn lag dort in dem Bett, an einer Maschine angeschlossen, die ihn am Leben hielt und dabei Geräusche von sich gab wie eine Dampflok. Die Situation erschien mir völlig absurd und gleichzeitig doch so realistisch. Vermutlich war dies eine Art Schutzmechanismus meines Körpers, die verhinderte, dass ich zusammenbrach und mir vorgaukelte, dies könne bloß eine Art Einbildung sein.

Ich spürte wie sich eine Hand auf meine Schulter legte. »Alles in Ordnung, Mrs Meyer?«, erkundigte sich eine Schwester, die sich von mir unbemerkt neben mich gestellt hatte.

Ich schloss kurz die Augen und atmete tief durch. Dann nickte ich. »Ja. Kann ich die ganze Zeit bei meinem Sohn bleiben?«

»Natürlich. Sollte etwas sein, dann sagen Sie bitte einfach Bescheid«, antwortete die Schwester und blinzelte mir aufmunternd zu.

Ich blieb an Daniels Bett sitzen. Stunde um Stunde kämpfte ich gegen meine Müdigkeit an. Irgendwann müssen mir die Augen zugefallen sein, denn plötzlich ertönte ein hektisches Piepen, das mich aufschreckte. Sogleich betraten mehrere Schwestern und Ärzte im Eilschritt das kleine Zimmer, in dem mein Sohn lag, positionierten sich um sein Bett und begannen mit ihrer Arbeit.

»Herzstillstand«, hörte ich einen der Ärzte wie durch einen Nebelsee sagen.

»Bitte kommen Sie aus dem Zimmer, Mrs Meyer. Sie können jetzt nichts für Ihr Kind tun«, forderte mich eine der Schwestern auf und wollte mich aus dem Raum bringen.

»Nein, ich kann jetzt nicht gehen«, protestierte ich schwach, ließ mich dann aber doch aus dem Zimmer bringen. Ich blickte noch einmal über meine Schulter zurück zu meinem Sohn, doch die Rücken zweier Ärzte schirmten meinen Blick ab.

»Reanimieren per Elektroschock«, ordnete ein Arzt an.

Die Krankenschwester schloss die Tür hinter uns und brachte mich in einen Aufenthaltsraum. Mein Blick war durch Tränen verschleiert und die Verzweiflung brach wie eine riesige Welle über meinem Kopf zusammen. Ich fühlte mich wieder so unendlich schuldig, während ein paar Meter weiter ein Ärzteteam um das Leben meines Kindes kämpfte.

»Das ist alles meine Schuld«, sagte ich mit tränenerstickter Stimme zu der Schwester. »Hätte ich damals diese blöde Zahn-Operation doch nicht vornehmen lassen und keine Vollnarkose bekommen, dann wäre Daniel gesund und müsste jetzt nicht mit Elektroschocks reanimiert werden.« Über den möglichen Tod meines Sohnes konnte und wollte ich nicht nachdenken. Das lag allein in Gottes Hand und hätte mich höchstwahrscheinlich nur auf direktem Wege in den sicheren Nervenzusammenbruch geführt. Und damit wäre niemanden geholfen gewesen, am wenigsten Daniel.

»Trinken Sie erst mal einen Schluck.« Die Krankenschwester reichte mir ein Glas Wasser – das passierte irgendwie immer in solchen Situationen. Vermutlich gehörte das zum Lehrinhalt während der Ausbildung eines jeden Krankenpflegers oder einer Schwester, Angehörigen in Krisensituationen immer ein Glas Wasser anzubieten. Dabei wäre ein starker Schnaps auch nicht zu verachten gewesen und hätte vermutlich eine entspannendere Wirkung auf meine Nerven gehabt.

Die Minuten zogen sich wie Stunden und ich hielt es kaum in dem kleinen Raum aus. Ich wollte wieder zurück zu Daniel, wollte wissen, wie es ihm ging. Die Warterei zermürbte mich nahezu und verlangte mir viel Kraft ab.

Die Ärzte schafften es, Daniel zu reanimieren, doch er musste danach künstlich beatmet werden. Ich wachte wieder ohne Pausen an seinem Bett und versuchte dabei, die Geräusche der Maschinen auszublenden.

Ich hoffte, dass Daniel nun das Schlimmste überstanden hatte und endlich auf dem Weg der Besserung war. Es sah auch alles danach aus, als ginge es nun aufwärts, doch dann bekam er kurze Zeit später wieder eine Lungenentzündung und musste mit Antibiotika behandelt werden. Aber sie halfen nicht. Daniels Fieber stieg auf 39° C an. Dies belastete seinen eh schon schwachen Körper so immens, dass die Ärzte nicht wussten, ob mein Kind es schaffen würde. Es sah sehr kritisch um ihn aus.

Ich wollte Daniel unbedingt etwas von meiner Kraft übertragen. Er sollte spüren, dass ich an seiner Seite war und auch bleiben würde. Also zog ich mir Schutzkleidung an und blieb an seinem Krankenbett. Wer schon einmal solche Kleidung getragen hat, weiß, wie sehr man darunter schwitzt, selbst wenn man sich keinen Zentimeter bewegt. Aber das nahm ich gern auf mich, wenn ich nur bei ihm bleiben durfte. Deshalb konnte ich nicht verstehen, dass ich trotz Schutzkleidung nicht bei Daniel bleiben durfte, als ihm neue Zugänge gelegt wurden. Die Ärzte schickten mich aus dem Raum, ich sollte auf dem Flur warten. Meine Nerven lagen mittlerweile so blank, dass ich keine Kraft mehr hatte, mich dagegen aufzulehnen, und mich verzweifelt weinend auf einen Stuhl neben einer Frau setzte, die ebenfalls zu warten schien.

»Weinen Sie nicht«, sagte die Frau zu mir und reichte mir ein Taschentuch. »Es liegt alles in Gottes Hand.«

Ich nahm das Papiertaschentuch. »Danke«, sagte ich und schnäuzte mich. »Ich mache mir so große Sorgen. Mein Sohn Daniel hat nur ein halbes Herz und kämpft gerade gegen eine schwere Lungenentzündung an. Die Ärzte wissen nicht, ob er es schaffen wird. Das ist für mich gerade der schlimmste Moment seit seiner Geburt.«

»Ich habe gerade mein Baby zur Welt gebracht«, fuhr die Frau emotionslos fort.

»Ist es sehr krank?«, fragte ich teilnahmsvoll, konnte ich mich doch bestens in die Lage einer Mutter versetzen, deren Neugeborenes krank auf die Welt gekommen war.

Sie zuckte bloß mit den Schultern. »Es braucht Bluttransfusionen.«

»Oh, das ist nicht schön für so ein kleines Baby. Aber ich bin mir sicher, dass die Ärzte Ihrem Baby helfen werden.«

Sie schüttelte den Kopf. »Nein, das werden sie nicht.«

»Bitte?«, fragte ich irritiert. »Sagten Sie nicht, dass Ihr Baby eine Bluttransfusion benötigt?«

»Das stimmt. Aber über das Leben eines Menschen entscheiden keine Bluttransfusionen. Das Leben gibt und nimmt Gott allein. Daran glaube ich. Er wird entscheiden, ob mein Baby leben darf oder er es zu sich nehmen wird«, erklärte die Frau vollster Überzeugung.

»Soll das heißen, Sie erlauben nicht, dass man Ihrem Kind die lebensnotwendigen Bluttransfusionen gibt?«, fragte ich ungläubig.

»Mit welchem Recht sollte ich dies erlauben? Mein Glaube und die Bibel verbieten derartiges Eingreifen. Es wird so kommen, wie Jehova es will.«

Ich war sprachlos und starrte sie entsetzt an. Normalerweise bin ich für Glaubensfreiheit und der Ansicht, dass jeder sich seine Religion oder Weltanschauung selbst aussuchen sollte, doch wie konnte eine Mutter ihrem Baby die notwendige Bluttransfusion verweigern, mit der es weiterleben konnte, und sich dabei auf den angeblichen Willen Gottes stützen? Würde Daniels Leben an einer Bluttransfusion hängen, ich würde nicht eine Sekunde darüber nachdenken und sofort zustimmen. In meinen Augen praktizierte diese Frau nicht eine religiöse Weltanschauung, sondern ihr Verhalten kam einer unterlassenen Hilfeleistung nah. War es nicht die Pflicht einer jeden Mutter, das eigene Kind zu beschützen und ihm die beste medizinische Versorgung zu ermöglichen?

»Und Daniel würde es bestimmt auch besser gehen, wenn Sie ihn einfach sterben ließen und nicht so an seinem

Leben festhalten würden«, unterbrach sie meine Überlegungen.

Für mich war klar, dass es keinen Sinn hatte, mit dieser Frau zu diskutieren. Deswegen sagte ich gar nichts und war froh, als wenig später die neuen Zugänge gelegt waren und ich wieder zu meinem Kind durfte.

Das Baby der Frau starb zwei Tage später. Daniel überstand die Lungenentzündung.

12

Die Trennung

Nachdem wir nach Port Elizabeth zurückgekehrt waren, holte mich schon bald der Alltag wieder ein. Insgeheim hatte ich darauf gehofft, Briefe von Martin vorzufinden. Doch es war kein einziger Brief aus Deutschland gekommen, während ich mit Daniel im Krankenhaus war, obwohl ich ihm nach wie vor regelmäßig schrieb und ihm alles berichtete, was in meinem Leben passierte. Ich konnte mir Martins ›Sprachlosigkeit‹ nicht erklären, denn wir hatten uns weder gestritten, noch fiel mir ein anderer Grund ein, weshalb er nicht auf meine Briefe antwortete.

Allerdings hielten mich Daniels ausstehende Behandlungskosten weiterhin so auf Trab, dass ich mich zunächst vor allem darum kümmern musste, die notwendigen Spenden zu sammeln – wie immer ohne Pauls Hilfe.

An Daniels viertem Geburtstag richtete McDonald's in Port Elizabeth eine Geburtstagsfeier für meinen Sohn aus. Dazu hatten sie extra einen Clown engagiert, der Daniel und seine Geburtstagsgäste mit Späßen unterhielt. Gleichzeitig ging an diesem Tag pro verkauftem Burger eine Spende an Daniel, die wir für die nächste Operation zur Seite legten. Dank der Fastfood-Kette waren am Ende des Tages genügend Spendengelder zusammengekommen, um die nächsten Behandlungskosten zu decken. Ich hatte wieder einen Etappensieg errungen, für die Gesundheit meines Kindes. Das tat mir gut und gab mir das nötige Selbstbewusstsein und den Glauben daran, dass es im Leben immer irgendwie weiterging.

Ein paar Monate später wollte ich unser Haus ausmisten. Mit der Zeit hatten sich einfach viel zu viele Dinge angehäuft, die wir nicht wirklich brauchten. Sogar in unserer großen Garage stapelten sich Säcke mit alter Kleidung, nie benutzte Elektrogeräte und aller möglicher Krimskrams, den man von einer Ecke in die andere räumte. Ich beschloss, mit der Entrümplung in der Garage anzufangen und mich dann ins Haus vorzuarbeiten. Die aussortierten Dinge wollte ich entweder an karitative Einrichtungen spenden oder entsorgen, falls ich keine andere Verwendung dafür fand. Ich konnte selbst kaum fassen, was sich alles angesammelt hatte. Gegenstände, von denen ich nicht gewusst hatte, dass wir sie noch besaßen beziehungsweise dass sie überhaupt existierten. Schon bald stapelten sich ausrangierte Sachen in der Garagenauffahrt, und neugierige Nachbarn fragten, ob sie sich einen altersschwachen Toaster oder die Modern-Talking-CDs mitnehmen dürften.

»Natürlich. Bedient euch ruhig«, rief ich den Leuten zu. Immerhin war ich über jedes Teil froh, das von fremden Händen mitgenommen wurde und nicht von mir weggebracht werden musste.

In einem Regal standen allerhand Kisten und Werkzeugkoffer von Paul. Eigentlich hatte ich mit seinen Sachen nichts zu tun und wusste gar nicht genau, was sich darin befand. Doch bei meiner Ausmistaktion wollte ich vorsichtshalber trotzdem einen Blick in die Boxen werfen. Wer wusste schon, was er hortete? Antike Bohrmaschinen aus den 50er-Jahren oder Rührgeräte mit Kurbel sollten ja schon häufiger in

Männer-Garagen von erstaunten Ehefrauen gefunden worden sein. Ich machte mich jedenfalls auf alles gefasst, griff mir den ersten Koffer und öffnete ihn. Dann starrte ich auf den Inhalt und mir blieb schlagartig die Luft weg. Die Kiste war voller Briefe. Mit zitternden Händen nahm ich die Kuverts heraus. Der Absender war immer derselbe: Martin. Ich setzte mich auf den staubigen Betonboden und schaute auf die Poststempel. Martin hatte mir jeden Tag geschrieben, so wie ich ihm auch geschrieben hatte. Ich riss den ersten Brief auf und las den Inhalt. Dann den nächsten. Nachdem ich alle Briefe gelesen hatte, stand für mich fest, dass es so nicht weitergehen konnte. Zum Glück war ich auf die Idee gekommen, auch Pauls Sachen aufzuräumen, sonst hätte ich Martins Briefe vermutlich nie gefunden. Ich fühlte mich auf einer Seite verraten und verkauft von meinem Ehemann. Zwar hatte Paul die Briefe nicht geöffnet, doch das hätte ihm auch nichts gebracht, da er kein Deutsch verstand und somit auch nicht gewusst hätte, was Martin mir schrieb. Dass er sie aber verschwinden ließ, und mich noch nicht einmal damit konfrontiert hatte, war für mich der eindeutige Beweis, dass es in unserer Ehe zu viele unausgesprochene Dinge gab. Paul wusste offiziell nichts von meinen Gefühlen zu Martin und doch musste er etwas ahnen, denn welcher Mann schrieb mir jeden Tag, ohne dabei Gefühle für mich zu haben? Außerdem träumte ich die ganze Zeit heimlich davon, mit Martin in Hamburg zu leben. Mir wurde immer klarer, dass unsere Ehe gescheitert war und wir uns über all die Sorge um unser krankes Kind auseinandergelebt hatten. Ich nahm mir vor, so schnell wie möglich mit ihm darüber zu reden. Für mich gab es kein Zurück mehr.

Als Paul am Abend nach Hause kam, saß ich am Küchentisch und wartete bereits auf ihn. »Hi. Hast du aufgeräumt?«, fragte er im Vorbeigehen und wollte unter die Dusche verschwinden. Wie immer.

»Setz dich bitte«, sagte ich zu ihm und deutete auf den Stuhl, der mir gegenüber stand.

»Ich muss mich beeilen. Wollte gleich noch zur Probe der Band«, wich er mir aus.

»Die wird wohl heute für dich ausfallen. Du hast mir einiges zu erklären«, sagte ich und legte Martins Briefe gut sichtbar auf die Tischplatte.

»Was soll das?«

»Das frage ich dich. Warum hast du die Briefe von Martin abgefangen und sie mir unterschlagen«, fragte ich ihn direkt.

»Pfft. Darüber diskutiere ich doch gar nicht mit dir. Warum schreibt dir dieser Typ überhaupt jeden Tag Briefe?«

»Das ist noch lange kein Grund, mir die Briefe nicht zu geben. Du hättest mich auch darauf ansprechen können.«

»So, meinst du?«, sagte er mit eisiger Stimme. »Du bist meine Ehefrau und da solltest du nicht täglich Briefe von einem anderen Mann erhalten.«

Ich hob den Kopf und schaute ihm direkt in die Augen. »Paul, ich kann dir nicht mehr vertrauen. Unsere Ehe ist schon lange nicht mehr das, was sie mal war. Und die Geschichte mit den Briefen ist nur ein weiterer Hinweis darauf, dass hier etwas gewaltig schiefläuft. Wir haben uns schon seit längerer Zeit nicht wirklich was zu sagen und uns einfach auseinandergelebt. Ich werde die Scheidung einreichen«, sagte ich mit fester Stimme. Diesen Satz hätte ich vermutlich schon viel eher aussprechen sollen.

Am nächsten Tag rief ich bei Martin in Hamburg an und erzählte ihm von dem Brieffund in der Garage.

»Ich habe dir doch gleich gesagt, dass du Paul nicht heiraten sollst«, sagte er, und ich konnte dabei sein Augenzwinkern förmlich durch die Telefonleitung hören. Ich musste lachen. »Ja, und du hast mal wieder recht behalten«, gab ich zu. »Aber was mache ich denn jetzt? Hier bleiben möchte ich nicht.«

»Ist doch klar. Du kommst natürlich mit den Kindern zu mir nach Hamburg«, hörte ich Martin sagen, als wäre es das Selbstverständlichste von der ganzen Welt, eine Mutter mit zwei Kindern bei sich aufzunehmen, wovon eins auch noch schwer krank war. Doch für Martin war es wohl nur eine logische Konsequenz, die sich für ihn aus den Ereignissen ergab. »Ich liebe dich, Debbie. Meine Tür steht für dich und deine Kinder offen«, sagte er.

»Ich bin sprachlos und weiß gar nicht, was ich dazu sagen soll, Martin.«

»Du musst auch nichts dazu sagen. Komm einfach bald mit den Kindern zu mir nach Hamburg.«

»Das werde ich«, versprach ich und war fest entschlossen, meinen Worten Taten folgen zu lassen. Für mich gab es kein Zurück mehr.

Als Erstes zog ich aus dem gemeinsamen Schlafzimmer aus und bezog das Gästezimmer im hinteren Teil des Hauses. Ich hätte auch zu meinem Bruder ziehen können, doch das wollte ich wegen der Kinder nicht. Daniel und Ryan sollten so wenig wie möglich durch die Trennung belastet werden. Am 15. Juli 2002 reichte ich die Scheidung von meinem Mann Paul ein. Die Scheidung wurde bereits am 12. August

2002 in Südafrika rechtskräftig und Paul bekam das alleinige Sorgerecht für unsere Kinder zugesprochen, weil ich keine Arbeit und keine Krankenversicherung hatte. Eine absolute Hiobsbotschaft für mich! Daraufhin musste ich mit vier Koffern in der Hand und ohne meine Kinder das Haus verlassen. Natürlich ist ein Auszug die logische Konsequenz einer Scheidung, doch ging er mir ziemlich an die Nieren, da ich meine Söhne im Haus meines Ex-Mannes zurücklassen musste. Ich war am Boden zerstört, und ich hatte nur einen Gedanken: Was wird aus Daniel? Wer würde sich um ihn kümmern und ihn versorgen? Paul hatte sich nie richtig eingebracht, wenn es um Arztbesuche oder Krankenhausaufenthalte ging. Das hatte ich immer alleine gemanagt, genauso wie die Spendensammelaktion. Ich wusste über alles am besten Bescheid, kannte Daniels Krankenakten, die Ansprechpartner bei den Sponsoren und die jeweiligen Ärzte, die Daniel behandelten. Vor lauter Sorge um die Zukunft meines Sohns drehte sich mir schier der Magen um.

Ich blieb zwei Nächte bei meinem Bruder und konnte mit meinen Geschwistern und meinem Vater regeln, dass sie sich so lange um Daniel kümmern würden, bis ich in Deutschland Arbeit fand und dadurch die Möglichkeit hatte, das Sorgerecht für meine Kinder neu zu beantragen. Dann würde ich sie zu mir und Martin nach Hamburg zu holen.

Am 14. August 2002 landete ich mit dem Flugzeug in Hamburg. Martin erwartete mich bereits in der Halle, so wie er es beim letzten Mal auch getan hatte.

»Und dieses Mal bleibst du für immer.« Martin umarmte mich ganz fest, und ich spürte, wie mir die Tränen über die Wangen liefen. Ich wusste nicht, ob es Freudentränen waren oder ob sie vom Abschiedsschmerz kamen. Ich spürte nur, wie sich mein Herz verkrampfte, wenn ich an meine beiden Söhne dachte. Besonders an Daniel, mit dem ich eine einzigartige Verbindung hatte und von dem ich zum ersten Mal und auf unabsehbare Zeit getrennt sein würde.

13

Neustart in Deutschland

An mein neues Leben in Hamburg gewöhnte ich mich schnell. Ich mochte das hanseatische Lebensgefühl, das windige Wetter und genoss besonders die gemeinsamen Spaziergänge mit Martin an der Elbe oder im Hamburger Hafen. Woran ich mich allerdings nicht gewöhnen konnte, war die Trennung von meinen Kindern. Sie schmerzte tief in meinem Herzen. Es gab Momente, in denen ich an meiner Entscheidung zweifelte. Meist war ich dann todtraurig, die beiden Jungs einfach in Südafrika zurückgelassen zu haben. Wie gern hätte ich sie mit nach Deutschland genommen. Doch was hätte ich machen können? Mir waren durch die südafrikanischen Gesetze die Hände gebunden. Es führte kein Weg daran vorbei, dass ich mir zunächst ein neues Leben in Deutschland aufbauen musste, wenn ich meine Söhne später nachholen wollte.

Einer meiner ersten Gänge in Hamburg führte mich zum Amt, um Sozialhilfe zu beantragen. Normalerweise war ich kein Fan davon, Gelder vom Staat zu beziehen, doch Paul überwies mir keinen Unterhalt und Martin bezahlte schon viel zu viel für mich. Ich wollte wenigstens einen kleinen Beitrag für die Haushaltskasse leisten, mich so gut es ging sozial absichern und auch die Telefongespräche mit Daniel und Ryan nach Südafrika selber bestreiten können, die nicht gerade billig waren. Parallel suchte ich händeringend nach einem Job, was sich als wesentlich schwieriger erwies, als ich zunächst angenommen hatte.

Im Oktober 2002 fand ich endlich einen 1-Euro-Job in der Küche eines Kindergartens. Ein erster, wenn auch kleiner Schritt, um auf dem deutschen Arbeitsmarkt Fuß zu fassen. Ich war dankbar für diese Möglichkeit, denn ich hatte schon fast die Hoffnung aufgegeben, jemals eine Arbeit zu finden. Ich erledigte meinen Job in der Küche, so gut ich konnte, und nicht so, als bekäme ich bloß einen Euro in der Stunde. Dafür war diese Chance einfach zu wichtig für mich. Die Grundvoraussetzung, um meine Kinder nach Deutschland holen zu können, waren eine Krankenversicherung und eine regelmäßige Arbeit. Dies führte ich mir jeden Tag erneut vor Augen und gab mein Bestes bei der Arbeit. Das fiel mir nicht schwer, denn ich hatte Glück gehabt: Ich arbeitete in einem tollen Team, das mir Wertschätzung entgegenbrachte, und ich kam auch mit den Eltern der Kinder sehr gut aus und freute mich jeden Tag darauf, meinen Job erledigen zu können. Ich war hochmotiviert und hätte vor neu gewonnener Lebensfreude am liebsten Bäume ausgerissen.

Nachdem ich einige Monate im Kindergarten gearbeitet hatte, fühlte es sich für mich so an, als hätte ich nie etwas anderes getan. Umso erstaunter war ich, als Doro, die Leiterin der Einrichtung, mich nach meiner Schicht zu sich ins Büro rief. Ich überlegte, ob ich ein schlechtes Gewissen haben müsste, vielleicht etwas falsch gemacht hatte oder mir eine Sache durchgegangen war. Mir fiel allerdings nichts ein.

Die Bürotür stand weit offen, so wie immer. Jeder konnte die Leiterin immer ansprechen, eine verschlossene Tür gab es bei ihr nicht. Doro saß hinter ihrem hölzernen Schreibtisch, auf dem sich mehrere Akten stapelten; dazwischen standen benutzte Kaffeetassen und ein uraltes

Telefon mit Wählscheibe. Auf dem Boden befanden sich mehrere Kisten mit frisch gewaschenen Lego-Steinen und ein rotes Bobby-Car, dem ein Rad fehlte. Für Außenstehende mochte das etwas chaotisch aussehen, aber Doro hatte das bewundernswerte Talent, selbst ins größte Durcheinander Ordnung zu bringen und nichts zu vergessen. Ihr Chaos schien perfekt durchorganisiert zu sein und einem geheimen Plan zu folgen.

»Hallo, Debbie. Nimm doch Platz«, sagte sie und lächelte mich freundlich über ihre randlose Brille an. Sie trug einen Strickpullover mit einer bunten Eule, die eine gewisse Ähnlichkeit mit ihr hatte. »Sicherlich wunderst du dich, warum du zu mir kommen solltest.«

Ich nickte. »Allerdings. Habe ich einen Fehler gemacht?«, sprach ich sie direkt auf meine Vermutung an und machte mich schon auf ein Donnerwetter gefasst.

Aber Doro winkte ab. »Nein, du hast keinen Fehler gemacht. Im Gegenteil, ich habe sogar eine sehr gute Nachricht für dich.«

»Aha? Da bin ich aber gespannt.« Ich hatte wirklich keine Ahnung, um was es sich bei der Nachricht handeln konnte. Vielleicht wurde ich Ein-Euro-Jobberin des Monats oder so etwas, überlegte ich albern, behielt meine Gedanken aber für mich.

»Du bist ja nun schon eine Weile bei uns im Team und hast dich von Anfang an sehr engagiert«, unterbrach sie meine Überlegungen.

»Mir macht die Arbeit ja auch Spaß. Mit den Leuten hier und den Kindern. Auch wenn es nur ein Ein-Euro-Job ist«, erklärte ich voller Überzeugung.

»Das weiß ich, Debbie. Und gerade deswegen, weil du immer so fleißig bist und viel mehr leistest, als du eigentlich müsstest, möchten wir dir einen Arbeitsvertrag in unserer Einrichtung anbieten. Es ist zwar nur ein befristeter Vertrag, aber so verdienst du mehr und bist auch sozialversichert.«

Ich war sprachlos. Mit vielem hatte ich gerechnet, aber ganz bestimmt nicht mit einem Arbeitsvertrag. »Bitte, was?«

»Wir haben einen Arbeitsvertrag für dich«, wiederholte sie die Nachricht, die mich in dem Moment völlig überforderte. Ich wäre am liebsten vor Freude innerlich zerplatzt. »Also, was sagst du? Nimmst du unser Angebot an?«, fragte sie mich, nachdem ich vor Überraschung immer noch kein Wort herausgebracht hatte.

»Ja, sage ich! Ja!«, brach es schließlich aus mir heraus, und ich fiel ihr vor Freude um den Hals und drückte sie so fest an mich, dass sie anfing zu japsen.

»Du erdrückst mich ja«, brachte sie lachend hervor.

»Du kannst dir gar nicht vorstellen, was das für mich bedeutet. Wegen Daniel habe ich damals meinen Kosmetiksalon in Südafrika verkauft. Ich konnte nicht mehr arbeiten gehen, weil ich wegen seiner Krankheit ganz für ihn da sein musste. Seitdem war ich immer darauf angewiesen, dass mich jemand finanziell versorgt. Ich bin so froh, dass ich nun wieder für mich sorgen kann und Martin nicht länger auf der Tasche liege«, erzählte ich Doro und dachte dabei auch an meine Söhne. Durch eine feste Arbeit mit Sozialversicherung stiegen meine rechtlichen Chancen, meine Kinder aus Südafrika nach Hamburg holen zu können, ganz erheblich.

Im August machte Martin mir schließlich den lang ersehnten Heiratsantrag. Tatsächlich fehlte zu unserem gemeinsamen Glück eigentlich nur der offizielle Bund der Ehe. So wurde aus Debbie Meyer Debbie Wyrich. Unsere standesamtliche Trauung fand am 19. September 2003 in Hamburg statt, allerdings ohne meine südafrikanische Familie, was ich sehr bedauerte. Daniel und Ryan waren nach wie vor bei ihrem Vater. Das war der einzige Wermutstropfen an diesem Tag, der ansonsten perfekt und wahrscheinlich der schönste meines Lebens gewesen wäre.

»Ich muss unbedingt meine Söhne wiedersehen«, sagte ich eines Abends im Oktober unvermittelt zu Martin. »Die Sehnsucht nach meinen Kindern wird von Tag zu Tag größer. Gestern hat es schon wieder nicht geklappt mit unserer Verabredung auf Skype. Ich habe das Gefühl, dass das kein Zufall ist.«

»Du meinst, Paul steckt dahinter?«

Ich zuckte die Schultern. »Wer sonst? Daniel und Ryan sind noch klein und lassen sich leicht von ihm manipulieren«, vermutete ich.

»Aber was hat dein Ex davon? Immerhin sind die Kinder eh bei ihm in Südafrika. Das ist doch schon mehr als weit von dir entfernt«, merkte Martin an.

»Paul weiß, dass ich meine Kinder nie aufgeben würde. Ich denke, er ahnt, dass ich hier in Hamburg nicht die Hände in den Schoß lege und mich darum bemühe, Voraussetzungen zu schaffen, um meine Söhne nach Deutschland zu holen. Immerhin kennt er mich lange genug und weiß, er muss zu jeder Zeit damit rechnen, dass ich mich um das Sorgerecht bemühe.«

»Meinst du, er hat von deiner Arbeit erfahren?«

Ich schüttelte den Kopf. »Nein. Meine Geschwister und mein Vater haben ihm garantiert nichts gesagt.«

»Dann verstehe ich nicht, warum er die Gespräche auf Skype unterbindet. Ergibt doch keinen Sinn. Er muss sich doch sicher fühlen.«

»Du kennst Paul nicht so gut, Martin. Er wird versuchen, mir meine Kinder zu entfremden. Je weniger Kontakt wir haben, umso weniger emotionalen Bezug haben sie zu mir. So denkt Paul. Aber davon werde ich mich nicht unterkriegen lassen. Du weißt ja, ich habe Daniel und Ryan immer E-Mails geschrieben, wenn es über Skype nicht geklappt hat. Das kann Paul nicht unterbinden.«

»Und was hast du jetzt vor?«, fragte Martin, der mich ebenfalls gut genug kannte, um zu wissen, dass ich bereits Pläne geschmiedet hatte, um meine Kinder wiedersehen zu können.

»Nach Deutschland holen kann ich die beiden zum jetzigen Zeitpunkt nicht. Da würde Paul sich querstellen. Deswegen möchte ich mit dir an Weihnachten nach Südafrika fliegen. Das Geld für den Flug hätten wir ja immerhin bereits zusammengespart.«

»Einverstanden.« Martin gab mir einen Kuss auf Stirn, und wir schmiedeten Reisepläne für unseren gemeinsamen Aufenthalt in Port Elizabeth.

Im Dezember flog ich das erste Mal für fünf Wochen wieder nach Südafrika, um meine geliebten Kinder zu sehen. Im Gepäck hatte ich zwei zusätzliche Koffer voll mit Weihnachtsgeschenken für Ryan und Daniel. Martin konnte allerdings nicht wie geplant mitkommen. Er hatte sich kurz vorher bei einem Unfall einen Kreuzbandriss zugezogen und musste deshalb in Hamburg bleiben.

Das Wiedersehen mit meinen Kindern gestaltete sich nicht so leicht, wie erhofft. Nachdem ich in meinem Hotel eingecheckt hatte, traf ich mich zuerst mit einem Anwalt. Er begleitete mich zu Pauls Haus, um mit mir zusammen meine Söhne abzuholen. Dies allein fand ich schon unerträglich, da nun genauestens geregelt war, wann und wo ich meine Kinder sehen durfte. Doch ich konnte gegen diese bürokratischen Regelungen nichts unternehmen und musste sie erdulden. Ryan und Daniel hatten bei der Übergabe jeweils eine Tasche mit Kleidung dabei. Sie durften bei mir im Hotel übernachten. Wenigstens musste ich sie nicht an jedem Abend wieder bei Paul abliefern. Das war eine kleine Erleichterung für mich, da ich die Treffen mit meinem Ex als höchst unangenehm empfand. Ich fühlte mich dabei jedes Mal wie eine unerwünschte Bittstellerin, die Ansprüche auf die Kinder erhob, die ihr nicht zustanden.

Trotzdem war ich überglücklich darüber, endlich meine Jungs wieder bei mir zu haben. In den nächsten Tagen besuchten wir zusammen Freunde und Verwandte, wir unternahmen Ausflüge zum Strand und schliefen nachts alle drei in einem Bett. Ich verlebte zusammen mit meinen Kindern eine wunderschöne Zeit in Südafrika. Es war fast so wie früher, nur dass wir in einem Hotel, statt in unserem eigenen Haus wohnten. Abends telefonierte ich mit Martin und berichtete ihm davon, was wir am Tag erlebt hatten.

»Schade, dass ich nicht dabei sein kann«, sagte er dann jedes Mal.

Martins Anwesenheit war in der Tat das einzige Detail, das fehlte, um den Aufenthalt in Port Elizabeth perfekt zu machen. Für mich hätte die harmonische Zeit ewig so weitergehen können. Nicht im Traum hätte ich damit gerechnet, dass sich bald unbemerkt Gewitterwolken an meinem blauen Himmel breitmachen würden.

Ryan war schon den ganzen Tag über bockig gewesen, hatte mir patzige Antworten gegeben und schien plötzlich und völlig grundlos sehr schlecht gelaunt. Ich konnte mir nicht erklären, woher der plötzliche Stimmungsumschwung kam, doch ich beschloss, nicht nachzuhaken, sondern abzuwarten. Häufig verfliegen solche Launen bei Kindern ja genauso schnell wieder, wie sie entstehen. Aber nicht bei Ryan. Seine schlechte Laune steigerte sich von Stunde zu Stunde, und er provozierte mich so lange, bis mir schließlich der Kragen platzte und ich ihn zur Rede stelle. »Was ist denn mit dir los? Du benimmst dich hier wie Rumpelstilzchen.«

»Du bist einfach so weggegangen und hast uns im Stich gelassen!«, schrie er mich unvermittelt an und brach dann in Tränen aus.

Ich schaute meinen Sohn verwirrt an und versuchte, meinen Arm um ihn zu legen, den er aber abwehrte. »Das stimmt doch gar nicht.«

»Stimmt ja wohl! Du bist zu Martin nach Deutschland geflogen, ohne dich von uns zu verabschieden. Wir waren dir total egal. Und dann hast dich auch kaum mehr gemeldet!«, schrie mein Kind mit hochrotem Kopf unter Tränen.

Ich schüttelte den Kopf. »Ryan, das ist doch Blödsinn. Ich konnte euch nicht persönlich auf Wiedersehen sagen, weil der Papa das nicht wollte. Das Gericht hat mir das verboten«, erklärte ich, obwohl ich mir vorgenommen hatte, diese Tatsache nicht vor meinen Söhnen zu thematisieren, weil ich nicht fand, dass sie mit den Streitigkeiten zwischen mir und meinem Exmann belastet werden sollten. Doch in dieser Situation blieb mir keine andere Wahl. »Deswegen habe ich doch jedem von euch einen Abschiedsbrief geschrieben.«

»Das stimmt doch gar nicht!«, protestierte Ryan. »Du hast keinen Brief geschrieben!«

»Natürlich stimmt das. Einen für dich und einen für Daniel«, erwiderte ich.

»Nein!« Mein Sohn verschränkte die Arme und stampfte wütend mit einem Fuß auf. »Das ist eine Lüge!«

So zornig hatte ich mein Kind selten erlebt. Deshalb kam mir gleich der Gedanke, dass meine Abschiedsbriefe vermutlich nie bei meinen Kindern angekommen, sondern von Paul zurückgehalten worden waren, so wie er es auch damals mit Martins Briefen getan hatte. In mir brodelte es. Am liebsten wäre ich zu ihm gefahren und hätte ihm dafür eine schallende Ohrfeige verpasst. Das passte zu seiner manipulativen Art. Allerdings war mir völlig unverständlich, warum er unseren Rosenkrieg so eiskalt auf dem Rücken der Kinder austrug, die doch am allerwenigsten dafür konnten. Ich überlegte fieberhaft, was ich sagen konnte, um Ryan davon zu überzeugen, dass diese Briefe tatsächlich existierten und ich sie mir nicht bloß ausgedacht hatte. Doch mir fiel nichts Überzeugendes ein, was seine Zweifel zerstreut hätte. Allerdings gab es noch die E-Mails, die ich meinen Söhnen regelmäßig geschrieben hatte und die in meinem Postfach unter »gesendete Nachrichten« sorgsam abgespeichert waren. Vielleicht war das eine Möglichkeit, mein Kind davon zu überzeugen, dass alles, was ich sagte, der Wahrheit entsprach.

»Hat der Papa euch denn nicht die E-Mails gezeigt, die ich euch geschickt habe?«, fragte ich Ryan.

»Nein.« Der Junge schüttelte den Kopf und schaute mich trotzig an. Ich zeigte ihm daraufhin sämtliche E-Mails auf meinem Laptop, die ich seit meinem Umzug nach Hamburg an ihn und seinen kleinen Bruder geschrieben hatte. Doch auch dies konnte ihn nicht beruhigen. Die Enttäuschung in dem Jungen saß zu tief, hatte sich über die Zeit viel zu sehr festgesetzt, als dass ihn E-Mails nun besänftigen konnten. Paul schien in meiner Abwesenheit ganze Arbeit geleistet und großes Misstrauen zwischen mir und Ryan gesät zu haben. Der Junge ließ sich nicht vom Gegenteil überzeugen und verlangte am Ende sogar, zu seinem Vater zurückgebracht zu werden.

Doch Daniel blieb bei mir. Mein Jüngster blieb so lange an meiner Seite, bis ich mich nach fünf Wochen unter Tränen bei ihm verabschieden musste, um wieder zurück nach Hamburg zu fliegen. Das war wohl der schwerste Abschied meines bisherigen Lebens.

Natürlich freute ich mich auf Martin. Und Hamburg war in der Zwischenzeit zu meiner neuen Heimat geworden. Doch es brach mir das Herz, ohne meine Kinder den Flieger besteigen zu müssen, mit der Gewissheit, dass Paul noch immer das alleinige Sorgerecht hatte und schalten und walten konnte, wie es ihm beliebte. Ich fühlte mich hilflos, und doch war ich nicht bereit, aufzugeben. Meine Intuition sagte mir, dass in dieser Sache noch nicht das letzte Wort gesprochen war.

14

Wiedersehen in Hamburg

Nach meiner Rückkehr nach Hamburg verbesserte sich das Verhältnis zwischen mir und Ryan nicht. Er verhielt sich mir gegenüber bei unseren Gesprächen auf Skype weiterhin distanziert, was mich sehr traurig stimmte. Pauls Einfluss auf ihn schien mich und meinen Sohn immer weiter auseinander zu bringen. Außerdem wurden mit der Zeit die Gespräche auf Skype immer seltener, bis es zu einer kompletten Funkstille kam. Ich rief daraufhin meinen Vater an, weil ich einfach nicht weiterwusste. Doch er hatte ebenfalls schon länger nichts mehr von Paul und den Kindern gehört. Da mein Ex das alleinige Sorgerecht hatte, war er natürlich nicht dazu verpflichtet, mit dem Großvater meiner Kinder in Kontakt zu bleiben, was die Angelegenheit für mich nicht leichter machte.

Eines Tages erhielt ich dann von einer ehemaligen Nachbarin unverhofft eine E-Mail. Wir schrieben uns sporadisch und erzählten einander, was in unseren Leben in Hamburg und Port Elizabeth so passierte. Ich schrieb ihr von meinen Sorgen, die ich mir wegen meiner Kinder machte. Gleich am nächsten Tag erhielt ich unerwartet schnell eine Rückantwort von ihr. In der E-Mail erzählte sie mir, dass Daniel in der Zwischenzeit wieder eine gefährliche Operation gehabt hatte und fragte mich, ob ich darüber nichts wüsste, weil ich in meiner E-Mail davon nichts geschrieben hatte. Ich fiel aus allen Wolken! Natürlich wusste ich überhaupt nichts darüber und war zutiefst erschüttert, dass meine ehemalige Nachbarin besser über meine Kinder Bescheid wusste als ich, ihre Mutter. Ich antwortete ihr sogleich, dass mein Ex die Operation vor mir verheimlicht hatte und ich von ihr das erste Mal darüber hörte. Außerdem versicherte ich ihr, dass ich mich natürlich sofort in ein Flugzeug gesetzt hätte, wenn ich von der Operation gewusst hätte. Nachdem ich die E-Mail weggeschickt hatte, musste ich weinen. Ich kam mir wieder unendlich hilflos vor und auch ein bisschen wie eine Rabenmutter, die sich nicht um die eigenen Kinder kümmerte. Wobei ich wusste, dass ich darauf keinen Einfluss hatte und Tausende von Kilometer von den eigenen Kindern entfernt war. Juristisch gesehen hatte ich kein Recht auf Informationen über die beiden.

Ich überlegte, ob es Sinn ergab, mich bei Paul zu melden und ihn zu fragen, was er sich dabei eigentlich dachte. Aber ich kannte ja meinen Ex. Daher wusste ich, dass dies nur in noch größeren Streitigkeiten enden und vermutlich dazu führen würde, dass ich gar keinen Kontakt mehr zu meinen Kindern haben würde. Das konnte ich nicht riskieren, und so schluckte ich all meinen Ärger hinunter und machte gute Miene zum bösen Spiel. Ein paar Monate später sollte sich das endlich auszahlen.

Am 15. Dezember 2004 flogen Daniel und Ryan das erste Mal zu uns nach Hamburg. Sie durften bis zum 15. Januar 2005 bleiben, einen ganzen Monat. Es hatte mich große Mühe und Engelszungen gekostet, Paul davon zu überzeugen, meine Kinder über Weihnachten und Neujahr nach

Deutschland kommen zu lassen. Doch am Ende gelang mir dieses kleine Wunder und ich freute mich unbändig darauf, meine Jungs endlich in Hamburg bei mir haben zu können. »Die Maschine hat auch noch Verspätung«, nörgelte ich und tippelte ungeduldig von einem Bein auf das andere, während ich mit Martin auf die Ankunft wartete.

»Dann lass uns doch schnell noch einen Kaffee trinken gehen«, schlug Martin vor. Das liebte ich an ihm. Er dachte immer praktisch und ließ sich so schnell nicht aus der Ruhe bringen, wenn nicht alles nach Fahrplan lief. Normalerweise hatte ich damit auch keine Probleme, aber wenn es um die Ankunft meiner Kinder ging, war Geduld nicht gerade meine Stärke. »Ich kann doch jetzt keinen Kaffee trinken, der macht mich ja noch nervöser«, entgegnete ich, ließ mich dann aber doch von Martin zu einer heißen Schokolade überreden.

Eine gute Stunde später landete endlich die Maschine aus Südafrika und kurz darauf konnte ich meine Söhne in der Ankunftshalle in die Arme schließen. »Oh mein Gott, ist das schön, euch zu sehen«, sagte ich, während mir vor Freude die Tränen über das Gesicht liefen. »Aber wie seht ihr denn aus?«, fragte ich ungläubig, als ich meine Kinder näher betrachtete. Das durfte doch nicht wahr sein! »Ihr habt ja beide nur T-Shirts und kurze Hosen an!« Das ging natürlich gar nicht im Dezember in Hamburg. Besonders nicht für Daniel, der sich so leicht bekleidet den Tod holen konnte. Martin und ich zogen sogleich unsere dicken Winterjacken aus und packten meine Söhne in jeweils eine ein.

»Bevor wir nach Hause fahren, sollten wir einen Abstecher ins Einkaufszentrum machen, um ein paar warme

Sachen für die beiden zu kaufen«, schlug Martin vor, und das taten wir dann auch.

In den kommenden Tagen beobachtete ich meine Kinder genau, besonders Daniel, ob sie Anzeichen einer Erkältung zeigten, und war heilfroh, als ich nichts Auffälliges feststellen konnte. Es war einfach unverantwortlich von Paul gewesen, unsere Söhne in Sommermontur mitten im Winter nach Deutschland fliegen zu lassen. Schon allein deswegen hatte er nicht das alleinige Sorgerecht verdient. Schließlich erforderte das Sorgerecht auch, dass das Elternteil mitdachte, und das konnte ich bei Paul beim besten Willen nicht erkennen.

In den nächsten Tagen zeigten Martin und ich den Kindern Hamburg. Daniel und Ryan sahen dabei das erste Mal in ihren Leben einen Weihnachtsbaum und fuhren Schlittschuh. So etwas gab es in Südafrika nicht, und sie staunten nicht schlecht, als es an einem Tag auf einmal zu schneien begann.

Wir verlebten mit den Kindern wunderschöne Feiertage. Es fühlte sich für mich an, als wären wir eine richtige Familie. Die Vergangenheit in Südafrika blendete ich dabei völlig aus. Es hätte immer so bleiben können. Doch wie immer, wenn etwas besonders schön ist, vergeht die Zeit umso schneller. Viel zu schnell. Ich konnte gar nicht glauben, Daniel und Ryan tatsächlich einen ganzen Monat bei mir gehabt zu haben, als ich sie gemeinsam mit Martin am 15. Januar 2005 wieder zum Flughafen bringen musste. Mein Herz fühlte sich bleischwer an, als ich die beiden ein letztes Mal umarmte. Besonders die bevorstehende Trennung von Daniel machte mir zu schaffen, da ich zu meinem kranken Kind eine ganz besondere Verbindung hatte. Doch auch

Ryan konnte ich nicht ohne Kummer gehen lassen, waren wir uns in Hamburg doch endlich wieder nähergekommen. Am Ende seines Aufenthaltes war es wieder so gewesen, als hätte es den Streit damals in Südafrika gar nicht gegeben. Ich winkte meinen Kindern hinterher und bemühte mich dabei, meine Tränen zurückzuhalten, bis sie ihre Täschchen mit der Aufschrift »unbegleitetes Kind« um den Hals bekommen hatten und mit der Stewardess hinter einer Ecke verschwunden waren. Martin nahm mich tröstend in die Arme. »Wird das nun ewig so weitergehen?«, schluchzte ich. »Werde ich immer von meinen Kindern getrennt sein? Nie mehr eine richtige Mutter sein?«

Martin schob mich ein paar Zentimeter von sich weg, um mir in die Augen sehen zu können. »Glaubst du, dass der da oben das so geplant hat? Glaubst du das ehrlich?«

Ich überlegte kurz, schüttelte dann aber den Kopf. »Nein. Das kann er nicht so geplant haben. Kinder gehören doch auch zur Mutter und nicht nur zum Vater.«

»Siehst du. Du darfst nur nicht aufgeben.«

Martin hatte recht. Ich beschloss, weiterzukämpfen und mich nicht entmutigen zu lassen. Die Tatsache, dass meine Söhne einen Monat bei mir bleiben durften, bedeutete immerhin einen Fortschritt. Einen Teilerfolg oder einen Schritt in die richtige Richtung auf meinem Weg, an dessen Ende das Sorgerecht für meine Kinder stehen sollte.

15

Unverhoffte Fügungen

2005 lief mein befristeter Arbeitsvertrag im Kindergarten aus. Ich hatte mehrmals mit Doro, der Leiterin der Einrichtung, über eine mögliche Verlängerung gesprochen, blieb am Ende damit jedoch erfolglos.

»Wir sind zwar sehr mit deiner Arbeit zufrieden, können uns aber leider keine weitere Vertragsverlängerung leisten«, sagte sie bedauernd.

Für mich bedeutete diese Entwicklung eine Katastrophe. Ich wusste genau, dass ich eine feste Arbeit brauchte. Nicht nur aus finanziellen Gründen, sondern auch, damit ich eine theoretische Chance hatte, um doch noch das Sorgerecht für meine Kinder bekommen und sie zu mir nach Hamburg holen zu können. Ich war mal wieder am Punkt null angekommen und fragte mich, was ich nun tun könnte. In meiner Verzweiflung rief ich Heike an, eine Freundin von mir, die ebenfalls in Hamburg lebte, und erzählte ihr von den neuesten Entwicklungen.

»Warum machst du nicht mal eine Fortbildung im Nageldesign zum Auffrischen?«, schlug sie mir vor. »Du hast doch in Südafrika einen Kosmetiksalon gehabt.«

»Aber ich bin schon so lange raus aus der Materie, ich müsste es von Grund auf wiederholen.«

»Dann mach das doch. Ich habe eh vor, einen Salon in Hamburg zu eröffnen, und da bräuchte ich noch jemanden, der das mit mir zusammen macht.«

»Mensch, Heike! Das ist ja eine super Idee! Endlich mal gute Neuigkeiten«, freute ich mich.

»Heißt das, du bist dabei?«

»Na klar! Das heißt, prinzipiell schon. Ich muss das nur heute Abend mit Martin besprechen. Aber ich glaube, er wird nichts dagegen haben.«

Das tat ich dann auch. Martin war genauso froh wie ich, dass sich so schnell eine Arbeitsalternative für mich aufgetan hatte. Mit seiner Hilfe meldete ich mich zu den entsprechenden Kursen an, die nicht ganz kostengünstig waren. Doch ich wusste aus Erfahrung, dass diese Investition sich recht bald auszahlen würde, sobald ich wieder in meinem alten Beruf arbeiten konnte. Das finanzielle Risiko war überschaubar und ich freute mich, bald wieder auf eigenen Beinen stehen zu können. Heike und ich schmiedeten fleißig Pläne für unseren gemeinsamen Kosmetiksalon, doch diese wurden eines Nachmittags unverhofft durch eine schicksalhafte Fügung durchkreuzt.

Ich kam gerade vom Einkaufen zurück und hörte schon vom Hausflur aus das Klingeln unseres Telefons. Meine Einkäufe stellte ich in der Diele ab und griff dann zum Hörer.

»Hier ist Daniel, Mama.«

»Daniel? Wieso rufst du mich denn an?«, fragte ich verwundert. Es war der Tag seines achten Geburtstags, und ich hatte sowieso vorgehabt, ihm zu gratulieren. »Ich hätte dich eh gleich angerufen. Alles Gute zum Geburtstag, mein Schatz.«

»Mama, du musst mich unbedingt hier abholen«, sagte mein Sohn aufgeregt.

»Wie, abholen? Ich verstehe gerade nicht, was du meinst. Wo bist du denn?«, fragte ich verwirrt.

»Ich bin zu Hause. Bei Papa. Aber hier will ich nicht länger bleiben«, sagte Daniel aufgebracht.

Ich schüttelte den Kopf. »Gib mir mal den Papa.«

Wenige Sekunden später hatte ich meinen Ex am Telefon. »Du musst Daniel nach Hamburg holen, Debbie«, erklärte mir Paul ohne Umschweife. »Dein Sohn macht uns hier wahnsinnig.«

Es stellte sich heraus, dass Daniel deshalb unbedingt zu mir nach Hamburg wollte, weil er mit Pauls neuer Lebensgefährtin überhaupt nicht klarkam. Von deren Existenz hatte ich bis dato überhaupt nichts gewusst.

»Daniel tyrannisiert uns hier. Das kann ich nicht mehr aushalten. Außerdem gefährdet er meine Beziehung zu Liz.«

Aha, daher weht der Wind, dachte ich mir. Sobald eine andere Frau auftauchte und ein Kind nicht in diese Beziehung passte, wurde es abgeschoben. Nicht, dass ich mich nicht darüber freute, doch empfand ich es als ziemlich erschreckend, wie schnell Paul das jahrelang umkämpfte Sorgerecht an mich abtrat, sobald er eine neue Frau an seiner Seite hatte. Ich musste unwillkürlich an Tiere denken, die von deren Besitzern ausgesetzt wurden, wenn sie ihnen lästig oder unbequem wurden.

»Wann kann Daniel nach Deutschland fliegen?«, fragte Paul ungeduldig.

»Von mir aus sofort«, sagte ich und bemühte mich, mir meine Freude nicht anmerken zu lassen. In Wirklichkeit konnte ich mein Glück natürlich kaum fassen. Endlich! Mein Sohn würde endlich zu mir nach Hause kommen, obwohl ich keine feste Arbeit hatte und keinen der erforderlichen Punkte erfüllte. *Welch glückliche Fügung, dass Liz*

Paul über den Weg gelaufen ist, dachte ich und dankte dem lieben Gott, dessen Wege manchmal wirklich unergründlich sind. Paul und ich einigten uns darauf, per E-Mail in Kontakt zu bleiben, um den Flug für Daniel und alles weitere abzustimmen. Ich rief umgehend Heike an und erklärte ihr freudestrahlend, dass sie sich nun doch nach einer anderen Nageldesignerin umschauen müsste. Gott sei Dank hatte sie vollstes Verständnis für meine Entscheidung und freute sich sogar mit mir, wenngleich sie bedauerte, nicht mit mir an ihrer Seite den Kosmetiksalon eröffnen zu können.

Gemeinsam mit Martin bereitete ich alles für Daniels Ankunft vor. Wir renovierten ein Zimmer in unserer Wohnung für ihn, das wir bisher als Gästezimmer genutzt hatten, und richteten es liebevoll für den Kleinen ein. Ich kaufte viele Spielsachen für ihn ein, da ich wusste, dass er nicht viel im Flugzeug mitnehmen konnte, und fieberte dem Tag entgegen, an dem ich endlich mein Kind wieder in die Arme schließen konnte, mit der Gewissheit, dass es für immer bleiben würde.

Am 25. März 2005 kam Daniel mit dem Flugzeug in Hamburg an. Pam, meine beste Freundin in Südafrika, hatte sich bereiterklärt, meinen Jungen zu begleiten. Allein wollten wir ihn nicht fliegen lassen, weil er mit gerade mal acht Jahren noch viel zu jung gewesen wäre. Hinzu kam sein Gesundheitszustand, der wahrscheinlich selbst die netteste Stewardess überfordert hätte. Ich war überglücklich, als Daniel und Pam mit ihrem Gepäck auf uns zukamen und ich erleichtert feststellen konnte, dass mein Kind den anstrengenden Flug gut überstanden hatte.

Paul und ich hatten uns für Daniels Ankunft einen Termin Ende März ausgesucht, da zu diesem Zeitpunkt in Hamburg Osterferien waren und mein Sohn so genügend Zeit hatte, um sich in Ruhe in seinem neuen Zuhause einzugewöhnen. Hamburg war nun mal nicht Südafrika, und es gab neben dem Wetter und der Sprache viele Dinge, an die er sich gewöhnen musste. Mit Martin kam Daniel von Anfang gut klar, was vor allem daran lag, dass er ihn schon von klein auf kannte. Wann immer Martin seine Familie in Südafrika besucht hatte, hatte ihn Daniel auch gesehen und so waren sich beide sehr vertraut.

Trotz seiner acht Jahre sah Daniel zum Zeitpunkt seiner Ankunft wie ein Sechsjähriger aus. Die dauernden Behandlungen forderten ihren Tribut: Daniel hatte eine Entwicklungsverzögerung von mindestens zwei Jahren, die sich auch auf seine Schulpflicht niederschlug.

Ich meldete Daniel zunächst an einer Vorschule an, die er nach den Ferien täglich besuchte, um dort Deutsch zu lernen. Die Erzieherin, die ihn betreute, war sehr geduldig und sprach anfangs Englisch mit ihm. Trotz der Sprachbarriere und seiner gesundheitlichen Einschränkung kam Daniel vom ersten Tag an sehr gut mit den anderen Kindern in der Vorschule zurecht. Er ging gern in die Schule und das machte sich nicht nur durch gute Fortschritte beim Deutschlernen bemerkbar, sondern auch mit seiner allgemeinen Entwicklung war ich sehr zufrieden.

Natürlich dachte ich auch täglich an Ryan und fragte mich, wie es meinem großen Sohn in Südafrika erging, aber ich freute mich, dass wenigstens Daniel bei mir in Hamburg war. Außerdem war es für mich eine große Erleichterung, dass Ryan nicht krank war, was ich von meiner ehemaligen Nachbarin wusste, die mir regelmäßig E-Mails schrieb, und dass er öfters meinen Vater besuchte, sodass ich immer auf dem neuesten Stand der Dinge war. Im Gegensatz zu Daniel verstand er sich ziemlich gut mit der neuen Lebensgefährtin von Paul und schien sie auch als ›Ersatzmutter‹ zu akzeptieren. Dieser Aspekt machte mir wieder bewusst, wie verschieden meine beiden Kinder doch waren. Ryan hatte keine Probleme damit, sich an neue Gegebenheiten anzupassen, und war komplett auf seinen Vater fixiert. Für Daniel hingegen wäre es undenkbar gewesen, dass eine andere Frau seine Mama je hätte ersetzen können.

16

Behinderte Kinder sind unerwünscht

Nach den Sommerferien 2006 ging für Daniel der Ernst des Lebens los: Er wurde an einer Hamburger Grundschule eingeschult. Diese Schule war allerdings nicht auf behinderte Kinder spezialisiert, sondern unterrichtete Schüler ohne körperliche oder geistige Einschränkungen. Am Anfang war ich zwar skeptisch, weil ich mit Problemen gerechnet hatte, doch ich wollte auch keine Spielverderberin sein und mich gern eines Besseren belehren lassen. Die friedliche Stimmung hielt aber nur weniger als achtundvierzig Stunden. Am zweiten Tag klingelte das Telefon. Ich schaute auf das Display, auf dem ein Anruf mit unterdrückter Rufnummer angezeigt wurde.

»Hallo?«, meldete ich mich und wartete gespannt darauf, wer sich hinter dem anonymen Anruf wohl verbarg.

»Nehmen Sie gefälligst Ihr behindertes Kind von unserer Schule! Sonst passiert was!«, erklang aus dem Telefon eine gedämpfte Stimme, als hielte sich der Anrufer ein Taschentuch vor den Mund. Danach wurde aufgelegt.

Perplex starrte ich auf den Hörer. Hatte ich mir das Ganze gerade eingebildet oder war es wirklich passiert? Mein Gehirn konnte das Erlebte gar nicht so schnell begreifen, wie es auch schon wieder vorbei war. Doch spätestens nach dem zweiten Anruf, der bei Martin landete, wusste ich, dass ich mir die erste Bedrohung nicht eingebildet hatte. Dieses Szenario wiederholte sich am Abend noch drei weitere Male, sodass ich mich gezwungen sah, am nächsten Tag die Direktorin der Grundschule aufzusuchen, um sie darüber zu informieren. Doch ich stieß bei der hageren Frau mit den dünnen Haaren auf taube Ohren.

»Gut, dass Sie vorbeikommen, Frau Wyrich. Ich hätte Sie heute nämlich auch angerufen«, sagte sie und sah mich ziemlich unfreundlich an.

»Dann trifft sich das ja ganz gut«, erwiderte ich und bemühte mich, den griesgrämigen Ausdruck um ihren Mund zu ignorieren.

»Daniel kann nicht am Schulausflug teilnehmen, weil wir kein qualifiziertes Personal für ein behindertes Kind haben«, eröffnete sie mir.

Ich wusste, wie sehr sich Daniel auf den Schulausflug freute und war deswegen nicht glücklich über diese Nachricht. »Aber eigentlich müsste doch Personal für solche Fälle gestellt werden. Schließlich ist Daniel Schüler an Ihrer Schule, und ein Ausflug ist meines Wissens nach eine Schulveranstaltung, an der mein Kind teilnehmen muss«, argumentierte ich.

Die Schulleiterin legte ihre Stirn in Falten. »Was meinen Sie, was das kosten würde, wenn wir extra einen Sanitäter für Daniel engagieren würden? Das wäre viel zu teuer. Und von unseren Lehrkräften ist niemand für Kinder wie Ihren Sohn ausgebildet.«

»Sie meinen also, weil mein Kind eine Behinderung hat, darf es nicht am Klassenausflug teilnehmen?«, fragte ich ungläubig.

»Wir sind keine Sonderschule, Frau Wyrich. Womit wir auch beim Thema wären. Eine Sonderschule wäre für Daniel geeigneter.«

»Vielleicht haben Sie recht«, sagte ich leicht verschnupft und verabschiedete mich schnell. Mit dieser unfreundlichen Person wollte ich nicht länger als nötig die gleiche Luft atmen.

Zu Hause nahm ich umgehend telefonisch Kontakt zu einer nahe gelegenen Sonderschule auf und vereinbarte für den nächsten Tag einen Termin mit dem Direktor, zusammen mit Daniel, in der Hoffnung, dort auf mehr Verständnis zu stoßen.

Am nächsten Morgen erschienen Daniel und ich pünktlich um acht Uhr im Sekretariat der Sonderschule. Die Sekretärin brachte uns in das Büro des Schulleiters, der uns schon erwartete. Nachdem ich ihn detailliert über Daniels Behinderung informiert hatte, schüttelte er nur mitleidig den Kopf. »Tut mir wirklich leid, Frau Wyrich, aber ich kann Ihren Sohn nicht bei uns aufnehmen. Auf Behinderungen wie sie Ihr Kind hat, sind wir hier nicht spezialisiert. Ich muss Sie bitten, Daniel wieder zu seiner alten Grundschule in den Unterricht zu schicken.«

Ich war zwar enttäuscht, und mir widerstrebte es auch, mein Kind in die alte Grundschule zu bringen, wo wir nach kurzer Zeit schon mit so viel Ablehnung zu kämpfen hatten, doch ich war auch dankbar für die Ehrlichkeit des Direktors, der uns dadurch neuen Ärger erspart hatte.

Die Grundschulleiterin machte keinen Hehl daraus, dass sie nicht sonderlich begeistert war, als Daniel und ich am nächsten Morgen im Sekretariat auftauchten. Sie machte

sich noch nicht einmal die Mühe, uns in ihr Besprechungszimmer zu bitten. »Ihr Sohn kann an unserer Schule nicht
mehr beschult werden«, sagte sie unfreundlich.

»Aber er ist doch hier angemeldet, und außerdem ist er
schulpflichtig. Das heißt, ich darf ihn gar nicht aus der Schule
nehmen. Sonst mache ich mich als Elternteil strafbar«,
entgegnete ich.

»Daniel kann durchaus zur Schule gehen, aber nicht
hier. Ich werde die Verantwortung für ein krankes Kind nicht
übernehmen«, sagte die Direktorin, verschwand in ihrem
Büro und ließ mich und mein Kind dann einfach im Sekretariat stehen. Ich fühlte mich in dem Moment fast wie ein
dummes Schulmädchen, dem man eine Rüge erteilt hatte,
und Daniel klammerte sich angstvoll an meinen Arm. Ihm
war diese unfreundliche Frau unheimlich.

Nach dem Erlebnis mit der Schuldirektorin entwickelte
Daniel eine richtige Angst vor Schulen und erklärte, er
werde nie wieder eine betreten. Ich wandte mich schließlich
an eine Beratungsstelle für Schulprobleme, obwohl ich nicht
wirklich davon überzeugt war, dass mir dort weitergeholfen
werden würde. Doch irgendetwas musste ich tun.

Zu meiner Überraschung erwies sich diese Beratungsstelle als ein wahrer Glücksgriff. Innerhalb weniger Tage
fanden wir mithilfe einer Sozialpädagogin eine Grundschule
mit Integrationsklasse, die bereit war, Daniel bis zum Ende
der vierten Klasse zu beschulen. Nach dem ganzen Theater
der letzten Zeit hörte sich das für mich fast wie Sechser im
Lotto an, zumal die Grundschule auch noch so nett war,
für Daniel extra einen Schulbus zu organisieren. Da die
Schule von unserem Zuhause relativ weit weg war, hätte das

ansonsten bedeutet, dass ich Daniel jeden Tag zu Fuß zur Schule hätte bringen müssen. Das wäre für uns beide eine enorme Belastung gewesen. Dank des Schulbusses konnte Daniel nun aber seinen täglichen Weg sogar selbstständig bewältigen.

Die integrative Grundschule erwies sich für Daniel als regelrechter Glücksgriff. Dort erhielt er einen individuellen Förderunterricht, der genau auf ihn und seine Schwächen zugeschnitten war, aber auch gleichzeitig seine Stärken förderte. Durch diesen speziellen Unterricht machte er bald schon merkliche Fortschritte und erschien mir auch allgemein ausgeglichener und glücklicher zu sein, was vermutlich auch der umsichtigen Art der Lehrer geschuldet war: Sie hatten Daniels Mitschüler von Anfang an kindgerecht über seinen Gesundheitszustand aufgeklärt und so Berührungsängste gar nicht erst entstehen lassen. Daniels Mitschüler reagierten sehr positiv auf ihn und nahmen ihn vom ersten Tag an in die Klassengemeinschaft auf.

Am Ende hatte unsere Schulodyssee so dann also doch ihren Sinn gehabt.

17

Mutterinstinkt

Am 30. Oktober 2006 stand eine weitere Rücken-OP für Daniel an, der erste Eingriff in Deutschland. Wegen Daniels starker Skoliose der Wirbelsäule sollte er eine Rückenversteifung bekommen, die wie eine Art Stahlgerüst war. Ohne diese Operation hätten die Knochen mit der Zeit so stark auf die inneren Organe gedrückt, dass Daniel mit sechzehn gelähmt gewesen wäre, sagten die Ärzte. Für mich als Mutter bestand immer wieder die Aufgabe darin, das Risiko abzuwägen und für mein Kind zu entscheiden. Auch diesmal gaben mir die Ärzte die Prognose, dass Daniels Überlebenschancen durch seinen Herzfehler bei fünfzig Prozent lagen.

»Doch was ist die Alternative?«, fragte mich Martin, dem ich nach seiner Schicht von dem Gespräch mit den Ärzten im Krankenhaus erzählte.

»Ich weiß es nicht«, sagte ich ratlos. »Es ist jedes Mal das Gleiche. Ein Gefühl wie beim russischen Roulette, und ich bin diejenige, die raten muss, ob echte Kugeln oder Platzpatronen in der Pistole sind.«

»Aber möchtest du, dass Daniel mit sechzehn Jahren gelähmt ist?«

»Natürlich nicht.«

»Er will es ganz bestimmt auch nicht«, stellte Martin fest.

»Du meinst also, ich sollte das Risiko noch mal eingehen und den Tanz mit Daniels Schicksal wagen.«

Martin griff meine Hand und drückte sie. »Ja, Debbie, das solltest du. Du weißt, dass ich nie viel von Paul gehalten habe, doch in einer Sache muss ich ihm uneingeschränkt recht geben: Daniel ist ein Kämpfer! Er wird auch diese Operation überstehen.«

Ich nickte. »Alles wird gut.«

Ich sagte die Operation zu und vertraute darauf, dass das Schicksal es wieder gut mit Daniel meinte und am Ende wirklich alles gut werden würde.

Die Operation begann bereits sehr früh am Morgen, was meistens der Fall war. Martin und ich warteten wie immer auf dem Flur vor dem OP-Trakt. Man könnte vielleicht denken, dass ich mich mit der Zeit an die vielen Operationen gewöhnt und eine gewisse Grundruhe entwickelt hätte, doch dem war nicht so. Bei jeder Operation lagen meine Nerven erneut blank, und je älter Daniel wurde, umso schwieriger wurde es für mich, meine eigene Nervosität vor meinem Jungen zu verbergen. Doch ich arbeitete stetig an meinen Schauspielkünsten und bildete mir ein, nicht wirklich schlecht zu sein, denn Daniel schaute mich jedes Mal voller Zuversicht an, bevor er in die Narkose versetzt wurde.

Was ich allerdings wirklich perfektioniert hatte, waren die Dinge, die ich während der OP dringend bei mir in einer Tasche tragen sollte: ein Handy, eine große Wasserflasche, essbare Kleinigkeiten, ein Notizblock, ein Stift, Taschen-tücher und etwas Kleingeld. Meistens hatte ich auch noch eine Zeitschrift dabei, doch aufs Lesen konnte ich mich nie konzentrieren, sodass ich immer wieder den gleichen Satz las, ohne seine Bedeutung wirklich zu verstehen.

Spätestens nach einer Viertelstunde gab ich meine Leseversuche dann auf und beschränkte mich darauf, auf die gegenüberliegende Wand zu starren und auf die Geräusche zu achten, die während der Wartezeit aus dem OP-Trakt zu mir drangen. Meistens hörte ich das Quietschen von Gummisohlen auf dem PVC-Boden des Flurs oder das Geräusch von sich öffnenden und schließenden Türen. Und dann kam irgendwann der Moment, in dem ich mich zum wiederholten Male fragte, wie lange das Glück noch auf der Seite meines Sohnes bleiben würde. Wir hatten das Schicksal durch die vielen Operationen bereits arg strapaziert, und für mich grenzte es an ein Wunder, dass Daniel bis jetzt immer zu den fünfzig Prozent der Patienten gehört hatte, die nach dem Eingriff die Augen wieder aufschlugen. Mir war bewusst, dass dies nicht selbstverständlich war, und gerade deshalb machte es mich doppelt nervös, wenn ich mich fragte, wie lange unsere Glückssträhne wohl noch anhalten würde.

Der Minutenzeiger kroch im Schneckentempo vorwärts. Auch so ein Phänomen, das bei jeder Operation gleich war. Normalerweise bin ich geduldig, und mir ist auch durchaus bewusst, dass medizinische Eingriffe aus verschiedenen Gründen länger dauern können. Doch als sich die Zeiger 16 Uhr näherten, spürte ich instinktiv, dass etwas nicht stimmte. Meine Kehle schnürte sich mit einem Mal zu, und kalter Schweiß lief mir den Rücken hinunter. Mir wurde schwindelig und ich hatte das Gefühl, kaum Luft zu bekommen. Ich war mir sicher, dass mit mir alles in Ordnung war, deshalb rief ich auch nicht nach einem Arzt. Nein, diese Symptome kamen von meinem Kind. Daniel schwebte in Lebensgefahr!

Und wie zur Bestätigung wurde es im OP-Trakt plötzlich lebhafter. Schwestern holten Dinge und verschwanden wieder in den Behandlungsräumen. Ich trat an die verschlossene Tür, hinter der mein Kind gerade operiert wurde, und legte meine Hand an die milchige Glasscheibe. Dann schloss ich die Augen und betete inständig, Gott möge meinem Sohn beistehen und ihn auch dieses Mal zu den fünfzig Prozent gehören lassen, die nach der Operation wieder die Augen öffneten. Die Warterei quälte mich und stellte meine Nerven auf eine Zerreißprobe. Es wurde 18 Uhr, dann 20 Uhr. Zum Glück war Martin an meiner Seite, um mich zu unterstützen. Um 22 Uhr kam eine Schwester aus dem OP-Trakt auf uns zu. »Daniel ist jetzt auf der Intensivstation«, teilte sie uns mit.

Ich fasste reflexartig an mein Herz. »Gott sei Dank«, flüsterte ich und bedankte mich im Stillen dafür, dass die Engel meine Gebete erhört hatten.

»Doktor Krämer würde gern wegen der Operation kurz mit Ihnen reden«, sagte sie und brachte uns zu einem Besprechungszimmer, in dem einer der Ärzte uns bereits erwartete. Von Dr. Krämer erfuhren wir, dass das Ärzteteam während der Operation noch einen weiteren Halbwirbel entdeckt hatte, der ebenfalls entfernt werden musste.

»Gegen 16 Uhr stand es außerdem ziemlich kritisch um Daniel«, erklärte Doktor Krämer. »Wir haben eine Viertelstunde um das Leben Ihres Sohns gekämpft.«

Ich spürte, wie mir das Blut aus dem Gesicht wich. 16 Uhr. Die Uhrzeit, zu der ich keine Luft mehr bekommen hatte.

»Aber nun hat Daniel die Operation ja überstanden. Sie müssen sich keine Sorgen machen, Frau Wyrich«, versuchte mich Dr. Krämer zu beruhigen und bot mir ein Glas Wasser an.

»Der nächste Schritt, auf den wir uns konzentrieren müssen, ist, dass Daniel sich wieder gut bewegen kann.«

Es dauerte noch achtundvierzig Stunden nach der Operation, bis mein Sohn seine Glieder wieder bewegen konnte. Außerdem musste er wegen des Eingriffs die ganze Zeit auf dem Bauch liegen und wurde dabei künstlich beatmet. Das war eine Tortur – für ihn und für mich. Wieder wünschte ich, ich könnte ihm die Schmerzen abnehmen und an seiner Stelle im Krankenbett liegen.

Als die Ärzte anordneten, Daniel solle aufstehen und laufen, sah mein Kind alles doppelt. »Mein Kopf tut so weh«, klagte der Kleine und konnte sich vor Schmerzen kaum auf den Beinen halten. Daraufhin bekam er erneut Morphin verabreicht, damit er die Migräneschübe aushielt.

Ich betete jeden Tag dafür, dass sich Daniels Gesundheitszustand verbessern möge. Meine Gebete hatten mir in der Vergangenheit stets Kraft gegeben, und letztendlich hatte ich am Ende mein Kind immer wieder mit nach Hause nehmen können.

Jedoch ereignete sich eine Woche nach dem Eingriff ein schlimmer Zwischenfall. Daniels Gesundheitszustand verschlechterte sich dramatisch, und er musste Hals über Kopf notoperiert werden.

Als ich im Krankenhaus ankam, wurde ich sogleich von einer Schwester in Empfang genommen. »Doktor Krämer möchte Sie unbedingt sprechen, Frau Wyrich«, sagte sie und führte mich ins Sprechzimmer.

»Was ist mit meinem Sohn, Doktor?«, fragte ich den Arzt beunruhigt, nachdem ich mich auf den Stuhl gesetzt hatte, den er mir angeboten hatte.

»Daniel hat über einen Liter Wundflüssigkeit verloren. Das ist nicht normal. Außerdem haben wir festgestellt, dass ein großer Druck auf seinem Gehirn liegt«, informierte mich Dr. Krämer.

»Was bedeutet das?«

»Wir müssen sofort operieren. Der OP wird schon vorbereitet. Allerdings brauchen wir noch Ihre Einwilligung.« Er schob mir die üblichen Formulare über den Tisch und informierte mich zügig über den Operationshergang, klärte mich über Risiken auf. Wie jedes Mal lag Daniels Überlebenschance bei fünfzig Prozent.

»Ob der Eingriff wirklich notwendig ist, muss ich vermutlich nicht fragen?«, vergewisserte ich mich.

»Ich wünschte, ich könnte Daniel eine weitere Operation ersparen. Aber wir müssen herausfinden, woher das Wundwasser stammt und wieso dieser Druck auf Daniels Gehirn lastet. Der Eingriff ist leider unausweichlich und muss zügig vorgenommen werden«, antwortete der Arzt mit ernster Miene. Ich seufzte und griff nach dem Kugelschreiber, der an dem Klemmbrett befestigt war, und unterschrieb die Formulare. Mein armer Junge!

Nachdem ich meine Unterschrift geleistet hatte, eilte ich zu Daniel. Ich wollte wie immer an seiner Seite sein, wenn er für einen Eingriff vorbereitet wurde. Dabei versuchte ich, ihm Trost zu spenden, Mut zu machen, sagte ihm, dass er sich keine Sorgen machen sollte, weil er bis jetzt alles gemeistert hatte. Ich machte sogar kleine Späße mit ihm und hielt wie immer seine Hand, während die Narkose wirkte und er einschlief. Nachdem Daniel in den Operationsraum gebracht worden war, rief ich Martin an, um ihm die unerfreulichen Nachrichten zu überbringen. Dafür klingelte ich meinen Mann aus seinem wohlverdienten Schlaf. Durch seine Arbeit im Schichtwechsel kam es häufiger vor, dass er tagsüber schlief. »Ich weiß nicht, wann ich nach Hause komme. Vorbereitetes Essen ist im Kühlschrank«, sagte ich. »Als wenn das jetzt wichtig wäre, Debbie. Ich kann sowieso nichts essen, wenn Daniel operiert wird«, erklärte Martin, der schlagartig wach war. »Soll ich mich auf den Weg machen und auch kommen? Ich kann dann direkt vom Krankenhaus zur Arbeit fahren.« »Nein, schlaf nur weiter. Am Ende bist du auf der Arbeit so müde, dass dir auch etwas passiert. Und ich brauche nicht zwei Männer im Krankenhaus. Einer reicht mir völlig«, entgegnete ich bestimmt. »Okay. Dann sag mir aber bitte sofort Bescheid, wenn es Neuigkeiten gibt.«

Ich versprach Martin, mich zu melden, sobald ich etwas von den Ärzten erfuhr, und setzte mich wieder auf einen Stuhl vor dem OP-Trakt. Nur war ich dieses Mal nicht auf einen spontanen Eingriff vorbereitet gewesen, sodass ich meine persönlichen OP-Utensilien nicht dabei hatte. Also beschränkte ich mich darauf, intensiv an mein Kind zu denken und ihm möglichst viel von meiner Kraft zu schicken. Ich konzentrierte mich auf positive Gedanken und redete in Gedanken mit den Engeln. Ich bat sie um Schutz für meinen kleinen Schatz und Gott darum, dass er barmherzig sein und Daniel noch eine Weile bei uns auf der Erde lassen möge. Ich habe immer schon an Gott geglaubt, doch durch Daniels Krankheit bin ich meiner Meinung nach noch gläubiger geworden und offener für Gebete und den Schutz der Engel. Zumal ich auch die Erfahrung gemacht habe, durch Gebete nicht nur Zuversicht, sondern auch tatsächlich Antworten und Kraft zu bekommen. Das mögen manche Leute als Einbildung abtun, was vielleicht daran liegt, dass sie bisher einfach nicht solche Erfahrungen gemacht haben.

Nach der Operation informierte mich Dr. Krämer über den Verlauf des Eingriffs. »Daniel hat die Operation überstanden«, sagte der Arzt. »Sie können gleich zu ihm auf die Intensivstation gehen.«

»Gott sei Dank!« Ich spürte, wie mich Erleichterung durchströmte und mir mindestens ein Gebirge vom Herzen fiel. Ich bedankte mich sogleich in Gedanken bei den Engeln und auch bei Gott dafür, dass wir wieder einmal Glück gehabt hatten und er meinen Sohn noch nicht zu sich genommen hatte.

»Wir haben während der Operation festgestellt, dass Daniels Rückenmark ein Loch hat«, fuhr der Chirurg fort.

»Ein Loch?«, wunderte ich mich. »Ich wusste gar nicht, dass man ein Loch im Rückenmark haben kann.«

»Leider kann man so etwas haben, und bei Daniel hat es zur Bildung von Wundflüssigkeit geführt, die den Druck auf sein Gehirn verursachte. Das Loch war quasi für zwei Reaktionen verantwortlich.«

Ich nickte. »Dann ist es ja gut, dass Sie es gefunden haben.«

»Allerdings. Doch wir mussten die Stangen wieder komplett aus dem Rücken Ihres Sohnes entfernen und durch neue ersetzen.«

»Oh je!« Ich fasste mir mit einer Hand ans Herz. Mein armes Kind musste die ganze Prozedur ein zweites Mal über sich ergehen lassen. Wie schrecklich!

Nachdem ich mit dem Doktor alles besprochen hatte, ging ich auf die Intensivstation zu Daniel. Wie immer tat es mir in der Seele weh, ihn so daliegen zu sehen, an Geräte angeschlossen und leichenblass im Gesicht. Ich blieb fast die ganze Nacht an seinem Bett und verließ erst kurz vor Martins Schichtende das Krankenhaus. So kam ich fast gleichzeitig mit meinem Mann zu Hause an. Wir setzten uns auf das Sofa im Wohnzimmer und dann berichtete ich ihm ausführlich von dem Verlauf der Operation.

»Du lieber Himmel«, sagte Martin, nachdem ich ihm alles erzählt hatte. »Der arme Junge! Manchmal weiß ich wirklich nicht, woher er die Energie nimmt, das alles durchzustehen.«

»Das frage ich mich ständig und weiß es auch nicht. Doch was ich weiß, ist, dass er bis jetzt immer zu den Patienten gehört hat, die die Augen wieder aufgemacht haben. Das ist es, was für mich zählt.«

»Wie lange muss der kleine Held voraussichtlich im Krankenhaus bleiben?«, wollte Martin wissen.

Ich zuckte die Schultern. »Keine Ahnung. Das konnte Doktor Krämer nicht genau vorhersagen. Allerdings muss Daniel die nächste Zeit ausschließlich auf der Seite liegen. Du weißt ja, wie schlimm es immer für ihn ist, wenn er sich nicht bewegen und die ganze Zeit nur in einer Position liegen darf.«

Martin schaute mich besorgt an.

»Ich werde ihm gut zureden und versuchen, ihn so gut es geht, von der Situation abzulenken«, sagte ich zuversichtlich, wenngleich ich nicht sicher war, ob mir das gelingen würde, wenn Daniel über einen längeren Zeitraum in der Seitenlage aushalten musste.

Letztendlich musste mein Sohn insgesamt drei Wochen nach der Operation auf der Seite liegen. Für mein kleines Kind war dies eine enorme Quälerei. Zu allem Überfluss bekam er durch die einseitige Belastung auch noch Wundblasen, die sein Leiden unnötig verschlimmerten. Ich war verzweifelt, weil mein Kind so sehr litt. Außerdem fragte ich mich, wie lange Daniel noch im Krankenhaus behandelt werden musste und ob er gar über die Feiertage und Silvester stationär medizinisch versorgt werden musste. Mein Sohn war seit dem 30. Oktober in der Klinik, und wir hatten bereits Dezember. Ich stellte mich seelisch schon darauf ein, im Krankenzimmer unter einem Plastikweihnachtsbaum »O du fröhliche« zu singen und dort die Bescherung zu machen.

Am Ende hatten wir aber doch noch Glück im Unglück. Daniel durfte kurz vor Weihnachten nach Hause, nachdem er mehr als sechs Wochen im Krankenhaus gewesen war. Mein Sohn war überglücklich, endlich daheim zu sein, aber vor allem freute er sich darüber, dass er die letzte Operation überlebt hatte. Trotz seines jungen Alters waren ihm die Risiken der Eingriffe voll bewusst. Manchmal fragte ich mich, ob das überhaupt gut war. War es richtig, ein Grundschulkind mit solchen Dingen wie seiner theoretischen Überlebenschance bei einer Operation zu belasten? Hatte nicht jedes Kind das Recht auf eine möglichst unbeschwerte Kindheit, in der der Tod keine Rolle spielt? Aber hätte ich Daniel so eine Kindheit überhaupt ermöglichen können? Vermutlich nicht. Vielleicht ist es für Kinder, die schwer krank auf die Welt kommen, sogar viel normaler, mit dem sprichwörtlichen Tod im Nacken zu leben, als für andere Menschen. Menschen, die gesund sind und erst ab der Lebensmitte anfangen, sich mit ihrer Endlichkeit auseinanderzusetzen. Vielleicht haben schwer kranke Kinder sogar einen Vorteil, weil sie den Tod annehmen und akzeptieren, dass er genau wie die Geburt zum Leben gehört.

18

Die Familie kommt

Im neuen Jahr bekam Daniel von einem Privatlehrer Hausunterricht. Herr Schuster war uns von der Schulbehörde zugeteilt worden. Er unterrichtete hauptsächlich Schüler, die krankheitsbedingt keine Regelschule besuchen konnten. Der Hausunterricht war bis nach den Osterferien genehmigt worden, und ich freute mich über dieses besondere Privileg. Herr Schuster war nicht nur auffallend nett und geschickt im Umgang mit Daniel, er schaffte es auch, mit meinem Sohn den versäumten Schulstoff aufzuholen und ihn so weit zu fördern, dass er nach den Osterferien wieder nahtlos in die vierte Klasse einsteigen konnte.

Ich hatte mir schon lange im Vorfeld Gedanken darüber gemacht, wie es nach der vierten Klasse für Daniel schulisch weitergehen könnte. Die schlechten Erfahrungen, die wir am Anfang der ersten Klassen machen mussten, wirkten bei mir immer noch nach. Ich war dankbar dafür gewesen, dass wir damals für Daniel mit Hilfe der Beratungsstelle diese tolle Grundschule gefunden hatten, und hoffte darauf, eine ähnlich gute weiterführende Schule für meinen Sohn zu finden, die in der Lage war, sich seiner anzunehmen und ihn seinen Fähigkeiten entsprechend zu fördern.

Nach den Sommerferien zum Schuljahr 2010/11 wechselte Daniel in eine neue I-Klasse auf einer Schule für körperbehinderte Kinder. Diese Schule war mir für mein

Kind passend erschienen, da es dort nicht nur Sonderschullehrer, sondern auch medizinisches Fachpersonal gab, das dafür ausgebildet war, mit kranken Kindern zu arbeiten. Daniel besuchte die fünfte Klasse und anfänglich schien es ihm dort sehr gut zu gefallen. Doch nach ein paar Wochen fiel mir auf, dass mein Sohn von Tag zu Tag übellauniger und genervter wurde. Er gab mir patzige Antworten auf völlig normale Fragen und ging bei jeder Kleinigkeit an die Decke.

»Was ist denn los mit dir, Daniel? So miesepetrig kenne ich dich gar nicht«, sprach ich ihn eines Nachmittags auf seine Laune an, nachdem er sich geweigert hatte, Mittag zu essen.

»Ich glaube, ihr denkt alle, dass ich doof bin!«, platzte es aus ihm heraus.

Ich schaute ihn verwundert an. »Wieso das denn? Wie kommst du darauf, dass wir dich für doof halten?«

»Sonst hättest du mich bestimmt nicht auf diese Schule geschickt«, hielt er mir vor. »Das ist eine Schule für Doofe.«

»Moment mal, wer sagt das denn?«

Daniel verschränkte die Arme vor der Brust und blickte zur Seite. »Ich sage das!«, gab er trotzig zurück.

»Jetzt mal der Reihe nach. Was ist denn in der Schule passiert?«

Mein Sohn schaute wieder zu mir. »Die machen da mit uns Sachen, die ich schon in der dritten Klasse konnte, und tun so, als wäre das was komplett Neues. Weißt du eigentlich, wie langweilig das ist, wenn man den ganzen Tag Dinge machen muss, die man im Schlaf erledigen könnte?«

»Mhm«, machte ich und verstand langsam das Problem meines Sohnes. »Das ist wirklich doof.«

»Kann ich nicht wieder zurück auf meine alte Schule? Frau Krütemeier wird sich bestimmt freuen, wenn ich wieder jeden Tag da bin.«

»Das geht leider nicht, Daniel. Selbst wenn deine ehemalige Klassenlehrerin sich freut. Für die Grundschule bist du leider zu alt und du kannst ja auch den ganzen Stoff, der dort den Kindern beigebracht wird«, erklärte ich ihm.

»Aber den Stoff an meiner jetzigen Schule kann ich auch. Dann kann ich doch besser wieder zur Grundschule gehen. Da war es wenigstens gut«, argumentierte Daniel. Seine Argumentation hatte eine gewisse Logik, das musste ich zugeben.

Ich legte meinen Arm um Daniels Schultern und war froh, dass er ihn nicht abschüttelte, wie er es öfters tat, wenn er genervt war. »Pass auf, Daniel. Ich verspreche dir, dass ich mit den Lehrern an deiner Schule darüber sprechen werde, ob sie mit dir nicht etwas anderes machen können, okay?«

Mein Sohn nickte, und ich machte einen Termin mit seiner Klassenlehrerin aus, um das Problem mit ihr zu besprechen. Leider stieß ich bei ihr auf taube Ohren. »Das geht nicht, Frau Wyrich. Dann könnte ja jedes Kind Forderungen stellen, was es lernen möchte. Wie sollen wir denn dann noch mit dem Unterricht fertig werden? Wir haben hier einen Lehrplan, der für jedes Kind gilt. Auch für Daniel«, gab mir seine Klassenlehrerin unmissverständlich zu verstehen.

»Mir leuchtet natürlich ein, dass Sie nicht für jedes Kind einen anderen Unterricht machen können«, kam ich ihr entgegen. »Aber Daniel ist sehr unglücklich. Er langweilt sich, weil er den aktuellen Stoff schon aus der dritten Klasse kennt«, versuchte ich um Verständnis zu werben. »Könnten Sie ihm nicht vielleicht zusätzliche Aufgaben geben, die ein etwas höheres Niveau haben und bei denen er etwas Neues lernt?«

»Frau Wyrich, wir sind hier eine Sonderschule, kein Gymnasium. Deswegen ist unser Lernniveau etwas niedriger als an Regelschulen«, sagte die Lehrerin in einem genervten Unterton. »Und Sie haben Ihren Sohn doch extra hier angemeldet, weil wir eben keine Regelschule sind und einen anderen Unterricht anbieten.«

Ich merkte, dass ich bei ihr nicht weiterkam und verabschiedete mich bald. Sicher hätte sie ihm schwierigere Aufgaben geben können, wenn sie gewollt hätte. Doch offensichtlich war sie dazu nicht bereit. So blieb mir nichts anderes übrig, als mich privat um Daniels schulische Förderung zu kümmern. Ich ließ mich in einer Buchhandlung von einer nette Mitarbeiterin beraten, die Lernmaterialien für die fünfte Klasse empfahl. Zwei Tage später holte ich die Bücher aus dem Geschäft ab und übte jeden Nachmittag mit Daniel Dinge, die andere Kinder regulär im Vormittagsunterricht lernten. Dadurch ging mein Sohn zwar auch nicht lieber zur Schule, aber sein Unmut ließ deutlich nach, weil ich ihm nicht das Gefühl gab, wegen seiner körperlichen Behinderung ›doof‹ zu sein, sondern seinen Geist forderte.

Ich hielt auch weiterhin Kontakt zu meinem großen Sohn. Abends skypten Ryan und ich häufig. Praktischerweise liegen Südafrika und Deutschland in der gleichen Zeitzone, sodass wir nie Schwierigkeiten wegen einer Zeitverschiebung hatten. Ich musste oft an Ryans Besuch in Hamburg im Dezember 2007 denken und wünschte mir immer noch, mein Ältester würde eines Tages auch zu uns nach Hamburg kommen. Allerdings sprach er nie darüber, dass er es vorhätte. Eines Abends sprach ich ihn deshalb direkt auf das Thema an, da die Ungewissheit an mir nagte. »Hast du eigentlich mal darüber nachgedacht, irgendwann auch zu uns nach Hamburg zu ziehen?«, fragte ich ihn und beobachtete die Reaktion meines Sohns über die Webcam.

Ryan schüttelte den Kopf. »Nein, Mama. Ich möchte hier bei Papa in Südafrika bleiben. Ich habe hier meine Freunde, und ich kann doch auch gar kein Deutsch.«

Ich seufzte, weil ich mit dieser Antwort gerechnet hatte. »Schade. Aber ich verstehe deine Entscheidung.«

»Nicht traurig sein, Mama. Ich kann dich ja trotzdem mal wieder besuchen kommen.«

»Das kannst du jederzeit. Unsere Tür steht immer für dich offen.«

Am 10. August 2010 war es dann soweit: Mein großer Sohn kam nach Hamburg zu Besuch, diesmal in Begleitung seines Großvaters. Meine Familie lebte auf dem ganzen Erdball verstreut, und deshalb hatten wir uns in Hamburg verabredet, um den 65. Geburtstag meines Vaters zu feiern. Daniel hatte zur Feier des Tages eine ganz besondere Überraschung für seinen Opa mit uns ausgeheckt: Meine Schwester war einen Tag zuvor extra aus London angereist und wartete bereits in unserer Wohnung auf unseren nichtsahnenden Vater. Daniel ließ es sich nicht nehmen, die große Überraschung zu lüften und freute sich diebisch darüber, dass sein Opa sprachlos war, als er seine andere Tochter an unserem Küchentisch sitzend vorfand.

Wir waren alle überglücklich, den Geburtstag gemeinsam feiern zu können. Besonders mir war dieses gemeinsame Erlebnis sehr wichtig. Durch Daniels Krankheit hatte ich gelernt, jeden Tag zu schätzen. Mir war bewusst, dass es morgen schon für solche gemeinsamen Erlebnisse zu spät sein konnte. Wer wusste schon, wie lange mein Vater noch lebte? Oder wie lange Daniels Herz noch schlug? Ob er die nächste Operation wieder überleben würde, ob uns die Schutzengel weiterhin begleiten würden?

Zu dem Zeitpunkt wussten weder Daniel noch ich, dass seine nächste Operation in gar nicht allzu ferner Zukunft liegen würde.

Bei einer Untersuchung im Krankenhaus stellten die Ärzte fest, dass sich Daniels Wirbel verschlechtert hatten und eine Stange in seinem Rücken kaputt war.

»Das können wir auf gar keinen Fall so lassen, Frau Wyrich«, sagte Dr. Krämer zu mir. »Daniel muss leider wieder unters Messer.«

Ich faltete die Hände in meinem Schoß und nickte. »Damit habe ich ja fast schon gerechnet. Was haben Sie dieses Mal mit meinem Sohn vor?«

»Daniel braucht dieses Mal eine Ganzrückenversteifung. Das ist eine riskante Rücken-OP, um die wir nun nicht mehr herumkommen.«

»Riskant war bisher jede Operation meines Sohnes. Wir spielen seit Jahren russisches Roulette. Sagen Sie mir lieber, was das bedeutet, eine Ganzrückenversteifung.«

»Dabei werden wir seine Wirbelsäule mit einem Schrauben-Platten-System stabilisieren. Allerdings wird es nach der Operation für Daniel und auch für Sie zu einer großen Umstellung des Alltags kommen. Darauf muss ich vorab schon mal hinweisen.«

»Was heißt das genau, große Umstellung des Alltags?«, fragte ich vorsichtig und machte mich innerlich auf alles Mögliche gefasst.

»Nun ja, durch eine Ganzrückenversteifung wird natürlich die gesamte Beweglichkeit Ihres Sohnes deutlich eingeschränkt. Daniel wird zum Beispiel kein Fahrrad fahren, keinen Sport treiben und sich auch nicht mehr bücken können. Alltägliche Dinge wie Schuhe zubinden werden ohne fremde Hilfe nicht mehr möglich sein. Selbst unter die Dusche wird er nicht mehr allein gehen können.«

»Puh.« Ich schluckte und fühlte mich in dem Moment, als hätte mir jemand mit einem Vorschlaghammer vor den Kopf geschlagen. Das durfte doch nicht wahr sein! Hätte ich nicht gewusst, dass Dr. Krämer über mein Kind sprach, hätte ich angenommen, er redete von einem alten Menschen. Einem sehr alten Menschen.

»Ich weiß, es ist hart, gerade für ein Kind. Aber mir sind leider die Hände gebunden. Ich sehe für Daniel keine andere Möglichkeit als diese Operation.«

»Aber was hat mein Sohn dann noch vom Leben?«, fragte ich verzweifelt. »Er ist doch noch so jung und wird leben müssen wie ein alter Mensch.«

»Aber er wird leben. Ohne die Operation würde es ihm weitaus schlechter ergehen als mit einer Rückenversteifung. « Ich atmete tief durch. Natürlich wusste ich, dass Dr. Krämer recht hatte. Sein Job war es schließlich, dem Patienten durch eine Operation ein besseres Leben zu ermöglichen, und ich wusste, dass er diesen Auftrag sehr ernst nahm. Nie hätte er eine solch schwierige Operation ohne zwingenden Grund angeordnet. Schon gar nicht bei Daniel, bei dem es durch seine Herzkrankheit jedes Mal ums nackte Überleben ging. »Ich werde versuchen, es Daniel schonend beizubringen«, sagte ich und legte mir im Kopf gleich die passenden Sätze zurecht, wie ich meinem Kind die nächste Operation möglichst schonend erklären konnte.

Aber so leicht war das nicht. Daniel heulte und schrie. Je älter er wurde, desto mehr rebellierte er gegen die medizinischen Eingriffe. Ich konnte seine heftige Reaktion nur zu gut verstehen und fragte mich rückblickend eher, wie mein Schatz all die Operation seit seiner Geburt so heldenhaft hatte ertragen können. Kein Wunder, dass mein Kind langsam die Nase voll von den riskanten Eingriffen hatte.

Am Ende willigte Daniel ein und die Operation fand statt. Wieder ging es um Leben und Tod. Und wieder schlug Daniel die Augen auf und war dem Schicksal von der Schippe gesprungen.

Nach dem Eingriff zog er zum ersten Mal das Korsett an, das er bis heute durchgehend tragen muss. Außerdem bekam er ein mobiles Sauerstoffgerät, das er überallhin mithinnehmen konnte. Die Ärzte hatten festgestellt, dass sich der Sauerstoffgehalt in seinem Blut von 97 Prozent auf 90 bis 93 Prozent verschlechtert hatte.

Mir taten die neuen Einschränkungen für Daniel in der Seele weh, weil sie seine Lebensqualität deutlich minderten. Ich machte mir oft Gedanken darüber, was ich tun konnte, um ihm ein bisschen kindliche Freude und ein wenig Unbeschwertheit zu ermöglichen. Und wenn es nur für ein paar Stunden war.

2011 feierte Daniel seinen vierzehnten Geburtstag. Er wünschte sich, mit zwei Klassenkameraden ins Kino gehen zu können, was ich ihm gern ermöglichte. Auf den ersten Blick sicherlich kein besonders spektakulärer Geburtstagswunsch. Doch für Daniel war sein vierzehnter Geburtstag ein ganz besonderes Datum: Seit seinem neunten Lebensjahr hatte es keinen Geburtstag mehr gegeben, an dem er nicht im Krankenhaus gelegen hatte.

»Das ist der schönste Geburtstag überhaupt gewesen«, sagte Daniel an diesem Abend zu mir. »Und wenn ich meinen fünfzehnten Geburtstag auch wieder ohne Krankenhaus feiern kann, dann ist das doch ein riesiger Fortschritt.«

Die Aussage meines Kindes stimmte mich nachdenklich. Obwohl Daniel immer mehr Einschränkungen ertragen musste, konnte er trotzdem das Positive sehen. Manchmal muss man wohl einfach das Leben so lange drehen, bis man die richtige Perspektive gefunden hat, aus der es den schönsten Ausblick gibt.

19

Wendungen

Im März 2012 wurde Daniel schlagartig krank. Ich arbeitete zu dem Zeitpunkt stundenweise in einem Eiscafé, war aber immer telefonisch erreichbar. Das Tablett hatte ich rasch auf dem Tresen abgestellt, als mein Handy in der Hosentasche vibrierte. Auf dem Display leuchtete mir unsere Festnetznummer entgegen. »Daniel? Ich bin noch beim Arbeiten«, sagte ich ins Telefon. An diesem Nachmittag war eine Freundin von mir bei uns zu Hause und ›passte auf meinen Sohn auf‹. Daniel rief mich gern an und erzählte mir meistens unwichtige Dinge, weil er mich vermisste und nur mal meine Stimme hören wollte.

»Mama, mir geht es gar nicht gut«, sagte er, und ich hörte am Klang seiner Stimme, dass ihm das Reden große Mühe machte.

»Was ist denn los? Gib mir mal sofort die Silke«, forderte ich meinen Sohn auf, der sogleich das Telefon an meine Freundin weiterreichte.

»Er ist plötzlich ganz blau angelaufen und hat starke Schweißausbrüche«, erzählte Silke aufgeregt. »Ich wollte mit ihm schon zu einem Arzt gehen, aber er kann keine Treppen mehr steigen. Debbie, kannst du bitte sofort nach Hause kommen?«

Ich hatte Gott sei Dank einen sehr verständnisvollen Arbeitgeber, der mich ohne Knurren und Murren gehen ließ. Kurze Zeit später erreichte ich unsere Wohnung und erschrak, als ich die blauen Lippen meines Kindes sah. Sein T-Shirt war durchgeschwitzt und seine Haut noch bleicher als sonst. Er sah mehr tot als lebendig aus. Ich packte ihn sofort mit vielen Decken in sein Bett, doch nur wenige Minuten später war er nicht mehr ansprechbar und reagierte auch auf keine Berührungen. Ich rief sogleich einen Rettungswagen an, der uns auf direktem Weg ins Krankenhaus brachte. Während der Untersuchung durfte ich dabei sein. Daniel war in der Zwischenzeit wieder zu Bewusstsein gekommen und konnte die Fragen des untersuchenden Arztes beantworten.

»Ich kann nichts Außergewöhnliches feststellen«, sagte der Doktor abschließend.

»Aber irgendwas muss doch sein. Mein Sohn bekommt doch nicht grundlos blaue Lippen und solche Schweißausbrüche«, protestierte ich.

Der Arzt zuckte mit den Schultern. »Ich kann jedenfalls nichts feststellen.«

»Was machen wir denn jetzt? Soll er ein paar Tage zur Beobachtung im Krankenhaus bleiben?«, fragte ich.

»Nein, wieso das denn? Ich kann nichts feststellen, was eine stationäre Beobachtung rechtfertigen würde«, warf der Arzt ein.

»Und wie sieht es mit Schonung in den nächsten Tagen aus«, hakte ich nach.

»Keine Schonung. Daniel kann alles ganz normal machen, so wie immer.«

»Was ist mit der Schule? So kann ich ihn doch nicht zur Schule schicken.«

»Warum nicht? Ich sehe keinen Grund, weswegen ich Daniel ein Attest schreiben sollte. Ihr Sohn ist voll schulfähig, und Sie können ihn auch wieder mit nach Hause nehmen.« Das tat ich dann auch. Ich fragte mich, was das alles zu bedeuten hatte. Ich kannte meinen Sohn. Er hatte nicht umsonst diese merkwürdigen Symptome gehabt. Irgendetwas stimmte nicht, das konnte ich deutlich spüren. Ich erinnerte mich an den Tag von Daniels Geburt, als es auch hieß, das Baby sei gesund. Keine 24 Stunden später war aus dem »gesunden« Kind ein »todkrankes« geworden. Erschwerend kam hinzu, dass ich dem Arzt nicht vertraute, der Daniel in der Notaufnahme untersucht hatte. Ihn hatte ich dort noch nie gesehen, und er hatte keinen besonders motivierten Eindruck auf mich gemacht. Ich nahm mir vor, Daniel verstärkt im Auge zu behalten und bei den kleinsten Anzeichen wieder mit ihm ins Krankenhaus zu fahren.

Am nächsten Morgen brachte ich Daniel wie jeden Tag zur Schule und erledigte auf dem Rückweg gleich meine täglichen Einkäufe. Kaum war ich mit Sack und Pack wieder zu Hause angekommen, da klingelte auch schon mein Handy. Das Schulsekretariat war am anderen Ende. »Daniel ist plötzlich blau angelaufen und hat starke Schweißausbrüche bekommen«, berichtete die Sekretärin. »Wir haben den Rettungsdienst gerufen, und ein Sanitäter ist mir Ihrem Sohn ins Krankenhaus gefahren.«

Ich ließ alles stehen und liegen, rief mir ein Taxi und traf eine Viertelstunde später am Krankenhaus ein. Daniel wurde bereits in der Notaufnahme begutachtet, dieses Mal von einem Arzt, den ich kannte und für den mein Sohn kein Unbekannter war. »Wir werden vorsichtshalber eine

Katheteruntersuchung machen«, informierte er mich. »Daniel bleibt erst einmal hier, bis wir herausgefunden haben, was mit ihm los ist.«

Das hörte sich schon anders an und mein Gefühl sagte mir, dass die Ärzte bei dieser Untersuchung garantiert die Wurzel des Übels finden würde. Und tatsächlich: Bei der Katheter- unteruchung entdeckte ein Herzspezialist ein weiteres Loch in Daniels Herzen, das provisorisch verschlossen wurde.

Danach folgte ein längerer Krankenhausaufenthalt. Daniel musste dieses Mal vom 25. März bis zum 1. Juni 2012 stationär behandelt werden und war während dieser Zeit zu schwach, um von einem Krankenhauslehrer unterrichtet zu werden. Durch das ohnehin niedrige Leistungsniveau seiner Schule schlug sich das allerdings nicht sonderlich nieder. Daniel schaffte es problemlos, den versäumten Stoff nachzu- holen, als es ihm wieder besser ging.

Nach den Sommerferien durfte Daniel das erste Mal mit auf eine Klassenreise an die Ostsee, in Begleitung einer Krankenschwester. Das war für ihn und auch für mich abso- lutes Neuland, und ich muss zugeben, dass mich diese Reise doch ziemlich nervös machte. Die Ostsee lag nun mal weiter entfernt als das nächstgelegene Krankenhaus, wo ich inner- halb von einer Viertelstunde vor Ort hätte sein können. Zwar hatte er eine Krankenschwester an seiner Seite, doch diese Frau kannte meinen Sohn natürlich nicht so gut, wie ich es tat. Das verursachte mir Kopfzerbrechen und löste Zweifel in mir aus, ob ich wirklich die richtige Entscheidung getroffen hatte, Daniel diese Reise antreten zu lassen. Mein Kopf sagte mir ganz klar, dass es wichtig für meinen Sohn war, endlich einen Anflug von Normalität zu erleben. Endlich an einer

Klassenfahrt teilzunehmen, so wie es andere Schulkinder in seinem Alter auch taten. Obwohl Daniel sich jeden Tag telefonisch bei mir meldete und mir glaubhaft versicherte, dass er eine wunderschöne Zeit mit seinen Klassenkameraden an der Ostsee verlebte, war ich stets in Alarmbereitschaft und hatte vorsichtshalber eine kleine Reisetasche mit dem Nötigsten gepackt, um von einem Augenblick zum anderen Hamburg verlassen zu können, falls es nötig war. Ich konnte einfach nicht aus meiner Haut. Die Jahre seit Daniels Geburt hatten mich geprägt und ich war daran gewöhnt, immer bereit zum Handeln zu sein, wenn es meinem Kind schlecht ging. Ich zuckte jedes Mal zusammen, wenn das Telefon oder mein Handy klingelte, weil ich erwartete, dass es Schwierigkeiten gab. Doch dieser Anruf blieb aus.

Umso überraschter war ich, als ich eines Tages einen Anruf von einer mir unbekannten Rufnummer bekam. Am anderen Ende meldete sich eine sympathische Männerstimme. Der Mann war Autor und hieß Lars Amend. Er hatte zufällig über gemeinsame Bekannte von uns von Daniels Schicksal gehört. Die Geschichte meines Sohns hatte Lars Amend tief bewegt. Wir telefonierten fünf Stunden lang und beschlossen, uns nach Daniels Klassenfahrt in Hamburg zu treffen.

An einem Nachmittag im September trafen wir Lars Amend zum ersten Mal. Ich hatte Daniel von ihm erzählt, und mein Sohn war sehr aufgeregt, dass jemand extra von Berlin nach Hamburg kommen wollte, bloß um ihn zu sehen. Das kannte er nicht, so etwas war absolut neu für ihn. Daniel hatte durch seine Krankheit nie richtige Freunde gehabt, und deswegen war er gespannt wie ein Flitzebogen auf den Mann, der ihn kennenlernen wollte. Bei der Begegnung war es vom ersten Moment so, als würden sich die zwei schon ewig kennen. Fast so, als wäre Daniels großer Bruder zu uns zu Besuch gekommen. Lars Amend hatte ein paar Tage für seinen Aufenthalt in Hamburg eingeplant, um Daniel näher kennenzulernen. Doch aus den paar Tagen wurde schließlich ein halbes Jahr. Wir hatten alle das Gefühl, als hätte Lars schon immer zur Familie gehört, und konnten uns bereits nach kurzer Zeit gar nicht mehr vorstellen, wie es ohne ihn gewesen war. Daniel blühte in seiner Gegenwart auf und ich richtete in unserer Wohnung ein Zimmer für Lars ein. Lars brachte Daniel nun jeden Morgen zur Schule, verbrachte die Nachmittage mit ihm, alberte mit meinem Sohn herum und schenkte ihm so viel Lebensmut wie noch nie jemand zuvor. Rückblickend glaube ich, dass die Engel ihn für Daniel geschickt haben, damit er die Kraft bekommt, noch eine Weile länger bei uns zu bleiben.

Bevor Lars in unser Leben trat, sah es nämlich recht kritisch für Daniel aus. Er weigerte sich immer häufiger, notwendige Untersuchungen machen zu lassen, und manchmal hatte ich das Gefühl, er würde sich langsam vom Leben verabschieden und sich auf seinen Tod vorbereiten. Durch Lars Amend änderte sich Daniels Lebenseinstellung allerdings schlagartig. Er freute sich auf jeden neuen Tag mit seinem ›großen Bruder‹ und sprühte vor Lebensenergie und Unternehmungslust. So kam es dazu, dass die beiden eine Liste mit Wünschen schrieben: Dinge, die Daniel unbedingt erleben wollte. Neben »coole Klamotten kaufen«, »Mädchen küssen« oder »mal mit einer Limousine fahren«, standen natürlich auch viele Quatsch-Wünsche auf der Liste, die die beiden wohlweislich vor mir verheimlichten. Ich hätte zum Beispiel nie erlaubt, dass mein Sohn Zigaretten raucht. Eher wäre ich tot umgefallen! Bei einem Wunsch auf der Liste traten mir allerdings die Tränen in die Augen: »Mama endlich wieder glücklich sehen.« Dabei war ich doch glücklich. Glücklich, mein Kind in Hamburg bei mir zu haben. Glücklich darüber, dass Daniel lebte. Ich war glücklich, zu sehen, wie mein Kind mit jedem Tag mehr aufblühte und lebendiger wurde. Es schien, als hätte Lars dem Leben meines Kindes endlich einen Sinn gegeben, und so war ich auch wenig überrascht, als Daniel mir wenig später verkündete: »Wir schreiben zusammen ein Buch. Lars wird mir meine großen Herzenswünsche erfüllen und das schreiben wir auf. Ich werde Schriftsteller!«

20

Glück und Leid

Lars hielt Wort, und Daniel erlebte mit ihm aufregende Abenteuer. Er übernachtete zum Beispiel im Hotel Atlantic, in dem Udo Lindenberg wohnt, fuhr zu Lars nach Berlin und auch tatsächlich mit einer Limousine. Wenn Lars nicht bei uns in Hamburg war, skypten sie täglich, und ich freute mich jeden Tag an meinem energiegeladenen Kind, das neuen Lebensmut gewonnen hatte.

Den brauchte Daniel auch dringend, denn 2013 wurde ein sehr schweres Jahr für ihn und den Rest der Familie. Es ging ihm so schlecht, dass er fast ununterbrochen im Krankenhaus bleiben musste. Immer häufiger rebellierte Daniel und stellte sich gegen die ärztlichen Untersuchungen.

»Ich will dieses Zeug nicht nehmen!«, wehrte er sich gegen die Medikamente – mittlerweile über dreißig Pillen täglich.

»Du musst aber, Daniel. Die Tabletten brauchst du, damit zu weiterlebst.« Ich redete ihm gut zu und konnte ihn durch Überredungskunst dazu bringen, die Tabletten mit großem Widerwillen am Ende doch zu schlucken. Ich konnte es ihm nicht verdenken, dass er die Medikamente nicht wollte, schließlich klagte er danach immer über Übelkeit, Kreislaufprobleme oder starke Kopfschmerzen.

»Davon wird mir bestimmt gleich wieder schlecht. Und du bist dran schuld, weil du unbedingt wolltest, dass ich die Pillen schlucke.«

Doch mit einem schlechten Gewissen konnte ich leben. Ich hätte mir eher Vorwürfe gemacht, wenn ich ihn nicht von der Notwendigkeit hätte überzeugen können, die Medikamente trotz der starken Nebenwirkungen zu nehmen.

»Es gibt leider keine Alternative für Daniel«, hatte mir Dr. Krämer bei einem Gespräch unter vier Augen erklärt.

»Aber die Nebenwirkungen sind so schlimm«, hatte ich entgegnet.

»In Daniels Fall müssen wir abwägen. Das bedeutet, die Nebenwirkungen in Kauf nehmen und weiterleben oder eben keine Medikamente nehmen und sterben.«

Das hörte sich im ersten Moment hart an, doch ich wusste, dass Dr. Krämer recht hatte. Dieser Satz motivierte mich letztendlich dazu, nie aufzugeben, bis Daniel auch noch die letzte Pille geschluckt hatte.

Während seines Krankenhausaufenthalts musste Daniel unzählige Untersuchungen durchlaufen. Oftmals waren sie schmerzhaft oder erforderten Daniels Geduld. Wir hatten uns schon daran gewöhnt, dass seine Blutwerte nie besonders gut waren und er deshalb ständig untersucht wurde. An einem Tag stand mal wieder ein CT auf dem Programm, dessen Ergebnisse der behandelnde Arzt mit mir im Anschluss besprechen wollte.

Ich saß in einem Besprechungsraum dem Arzt gegenüber, wie schon unzählige Male zuvor. Die Situation war mir vertraut und ich war auf alles vorbereitet. Das dachte ich jedenfalls.

»Frau Wyrich, ich habe leider keine guten Nachrichten«, begann der Mann im weißen Kittel das Gespräch.

Gute Nachrichten hatten die Ärzte eigentlich noch nie gehabt, wenn es um Daniel ging, deshalb beunruhigte mich diese Einleitung nicht besonders.

»Wir haben bei Ihrem Sohn zwei Blutgerinnsel im Kopf festgestellt«, erklärte er.

»Oh!«, entfuhr es mir. Mit dieser Nachricht hatte ich nicht gerechnet, und sie beunruhigte mich tatsächlich. »Wie kann man das behandeln? Durch eine Operation?«, fragte ich und versuchte dabei meine positive Grundhaltung zu bewahren.

Der Arzt schüttelte den Kopf. »Die Gerinnsel sind inoperabel. Wir können nur medikamentös dagegen vorgehen, aber es gibt keine Heilung.«

Mir fuhr der Schock in die Glieder, denn mir war bewusst, wie gefährlich Blutgerinnsel im Kopf waren. Es waren tickende Zeitbomben, die jeden Moment explodieren konnten. Der Arzt verordnete Daniel sogleich noch mehr Tabletten, die er täglich schlucken musste, und gab mir eine Liste mit Lebensmitteln mit, die ab sofort für mein Kind tabu waren.

Die Diagnose war nicht nur für mich ein Schock, sondern auch für Daniel. Er heulte und boxte vor Wut in sein Kissen. »Ich will aber nicht noch mehr Tabletten nehmen«, rief er zornig und seine Augen schimmerten dabei verdächtig. »Und ich will die Sachen essen, die mir schmecken.«

Ich nahm meinen Sohn in die Arme und versuchte, ihn zu beruhigen. Dabei fühlte ich mich vollkommen hilflos. Wie gern hätte ich an dieser Situation etwas für mein Kind verändert, wenn ich nur gekonnt hätte. Aber so blieb mir nichts anderes übrig, als wieder einmal das Schicksal anzunehmen, das mir gehässig ins Gesicht lachte. Hätte es irgendetwas gegeben, was ich hätte tun können, ich hätte es getan. Sofort. Ohne mit der Wimper zu zucken.

Der 19. August 2013 war ein sehr wichtiges Datum in unserem Kalender. Daniel hatte diesen Tag rot auf unserem Familienplaner eingekreist, der in der Küche an der Wand hing. Der 19. August war der Tag, an dem Daniels Buch, das er zusammen mit Lars Amend geschrieben hatte, erscheinen sollte. Sein Titel lautete: *Dieses bescheuerte Herz*. Mein Sohn war schon am Vortag ganz hibbelig gewesen und konnte seine Aufregung kaum kontrollieren. »Meinst du echt, dass das Buch dann im Laden liegen wird?«, hatte er mich unaufhörlich gefragt.

»Davon gehe ich aus. Die Leute sollen es ja kaufen«, hatte ich ihm geantwortet.

Am nächsten Tag war Daniel schon um fünf Uhr in der Früh auf den Beinen. »Wir müssen unbedingt gucken, ob mein Buch wirklich im Laden liegt«, verkündete er mir, während ich verschlafen zum Bad tappte.

»Die Buchhandlungen machen doch erst in ein paar Stunden auf, Daniel. Und dann müssen die Angestellten bestimmt erst Bücherkisten auspacken und es wird Mittag oder Nachmittag sein, bis dein Buch irgendwo liegt«, versuchte ich meinen Sohn zu bremsen.

»Gehst du *dann* mit mir gucken?«

»Ja, klar. Und Papa kommt auch mit. Wir wollten eh zur Feier des Tages Mittag essen gehen. Danach können wir dann ins Buchgeschäft gehen.«

Damit war Daniel einverstanden. Den Rest des Vormittages verbrachte er damit, sich ein perfektes Outfit aus seinem Kleiderschrank herauszusuchen und mir und Martin die verschiedenen Varianten vorzuführen. »Schließlich bin ich jetzt Schriftsteller, und wenn ich in den Buchladen gehe, um mein Buch zu sehen, dann muss ich ja wenigstens gut aussehen«, fand er.

Nach dem Essen fuhren wir in ein großes Einkaufszentrum in Hamburg, in dem es auch einen Buchladen gab. »Wie soll ich nur bei den ganzen Büchern mein Buch finden?«, flüsterte mir Daniel zu, der nicht genau wusste, wo er mit der Suche beginnen sollte.

»Am besten, wir fragen mal jemanden von den Mitarbeitern, ob sie dein Buch da haben«, schlug Martin vor und sprach eine dunkelhaarige Frau an, die gerade Bücher einsortierte. Sie freute sich über unseren Besuch und zeigte uns einen Bücherstapel auf einem Tisch. Da lag es tatsächlich, Daniels Buch. Sogar mehrere Exemplare.

»Die musst du uns dann aber auch signieren«, sagte die Angestellte des Buchladens und hielt Daniel einen Stift hin.

»Ich soll signieren?« Daniel lief vor Freude rot an, nahm den Stift und signierte zehn Exemplare seines Buchs.

»Da ist aber einer stolz wie Oskar«, raunte ich Martin zu und freute mich darüber, mein Kind nach der schrecklichen Diagnose und dem langen Krankenhausaufenthalt endlich wieder glücklich zu sehen. Er blühte wieder merklich auf und fühlte sich fast wie ein kleiner Star.

In den darauffolgenden Tagen erschienen viele Artikel über Daniel in Magazinen und Zeitungen. Fernsehteams filmten Lars und mich und befragten uns zu Daniel und der

Geschichte rund um das Buch. Ich hielt Daniel allerdings soweit es ging fern von dem Medienrummel. Er hatte schon genug damit zu tun, seine Fanpost zu beantworten, die nun täglich bei uns eintraf und über die er sich riesig freute. Ich war froh, dass seine Lebensfreude durch das Buch wieder zurückgekehrt war, und schöpfte neue Hoffnung, dass diese positive Phase eine Zeit lang anhalten könnte.

21

Das Herz

Durch die Veröffentlichung von Daniels Buch war mein Sohn so etwas wie eine kleine Berühmtheit geworden, was zur Folge hatte, dass er in Hamburg auf der Straße erkannt wurde. Sogar die BRAVO berichtete über ihn, was sich positiv auf sein Selbstbewusstsein auswirkte und ihm jede Menge Liebesbriefe bescherte. Ich freute mich für Daniel, denn in seinem Alter wurde das Thema Mädchen nun immer wichtiger. Mein Leben drehte sich seit Daniels Geburt hauptsächlich um ihn. Für mich war es selbstverständlich, dass ich meine Bedürfnisse hintenanstellte, da mir das Wohl meines Kindes am Herzen lag. Darüber machte ich mir auch keine sonderlichen Gedanken, es war einfach so. Nie hätte ich geglaubt, dass sich das Blatt einmal wenden könnte und ich plötzlich die Dinge nicht mehr unter Kontrolle hätte.

Am 18. September 2013 fuhren Daniel und ich mit Freunden zu einem Supermarkt, um einen Großeinkauf zu machen. Ich hatte eine lange Liste mit den Dingen geschrieben, die ich einkaufen wollte. Es war ein Tag vor Martins und meinem Hochzeitstag und ich wollte an diesem Tag etwas Besonderes zu essen zubereiten. Ich kochte ohnehin leidenschaftlich gern und achtete dabei darauf, möglichst alles selbst zu machen und keine Fertigprodukte zu benutzen.

Schon allein Daniels wegen war es mir wichtig, immer frisch zu kochen und so, dass ich wusste, was in dem Essen drin war. Ich freute mich schon auf einen schönen gemeinsamen Abend mit Daniel und meinem Mann und natürlich auf ein leckeres Essen.

Wir waren guter Laune, alberten herum, während wir die verschiedenen Artikel in den Einkaufswagen packten.

»Autsch!«, keuchte ich und griff mir an den Brustkorb. Ich verspürte plötzlich ein heftiges ›Seitenstechen vorne‹ und hielt mich mit der anderen Hand am Einkaufswagen fest.

»Was hast du, Mama? Oder ist das ein Scherz?«, fragte Daniel, der gleich neben mir stand.

Ich schüttelte den Kopf, weil die Schmerzen nun so stark waren, dass ich kein Wort mehr hervorbrachte. Mir wurde plötzlich schwindelig und übel und ich versuchte noch, nach einem unserer Freunde zu greifen. Was dann passierte, kann ich nicht mehr genau sagen. Das Nächste, woran ich mich erinnern kann, ist, dass ich mich mit einem Mal auf dem Boden des Supermarktes wiederfand.

»Hilfe!«, hörte ich Daniel in Panik rufen; er war mit der Situation vollkommen überfordert.

»Schrei hier mal nicht so herum«, hörte ich eine Kundin über mir missgelaunt sagen, die versuchte, ihren Einkaufswagen um mich herum zu manövrieren. »Und warum legen Sie sich hier eigentlich mitten in den Weg. Unglaublich so etwas!«, schimpfte die alte Frau und schüttelte missbilligend den Kopf.

Zum Glück standen unsere Freunde uns in dieser furchtbaren Situation bei.

»Debbie, was ist mit dir?«

»Kannst du mich hören?«

»Tut dir was weh?«

Ich brachte vor Schmerzen immer noch keinen Ton heraus, nickte aber leicht bei der Frage, ob mir etwas wehtat, und klopfte mit den Fingern auf meinem Brustkorb. Ich merkte, wie mein Oberteil an mir klebte, ich war schweißgebadet und hatte bloß einen Gedanken: nicht ohnmächtig werden!

Dann ging alles ganz schnell. Unser Freund verständigte über sein Handy sogleich die Feuerwehr und erklärte ihnen kurz meinen Gesundheitszustand. Wenig später waren zwei Sanitäter und ein Notarzt bei mir, die mich auf eine Krankentrage hievten und mich darauf aus dem Supermarkt schoben.

»Mama! Du darfst nicht sterben«, hörte ich Daniel panisch schreien. »Du darfst nicht sterben, bevor ich sterbe!«

Zu diesem Zeitpunkt verstand ich die Aufregung meines Kindes nicht. Meines Erachtens hatte ich bloß ein wenig Kreislaufprobleme. Ich atmete so tief ich konnte ein und aus und fasste dann einem Bekannten von uns an die Hand. »Fahr Daniel nach Hause und gib Martin Bescheid, damit er kommt«, brachte ich unter großer Anstrengung hervor, bevor ich in den Rettungswagen manövriert wurde.

Am nächsten Morgen kam ich im Aufwachraum zu mir. Geräte piepsten um mich herum, und ich fühlte mich an die Situation nach Daniels Geburt erinnert. Fast kam es mir vor wie ein Déjà-vu.

»Da sind Sie ja wieder«, sprach mich eine Krankenschwester an. »Können Sie mich hören?«

»Ja«, brachte ich hervor. Das kam mir alles sehr bekannt vor. Aber was machte ich hier eigentlich? Sehr merkwürdig.

An eine weitere Schwangerschaft, die mich hierhergebracht haben könnte, konnte ich mich jedenfalls nicht erinnern.

»Wissen Sie, wie Sie heißen?«, fragte die Schwester.

»Debbie.« Schon wieder diese blöde Frage. Ich verdrehte innerlich die Augen und versuchte mich daran zu erinnern, was eigentlich passiert war. Zuerst konnte ich keine Erinnerungen greifen. Mein Kopf fühlte sich an, als wäre er mit Watte gefüllt. Doch dann blitzen erste Erinnerungsfetzen auf, die immer deutlicher wurden. Ich sah den Supermarkt, die unfreundliche Kundin, unsere Freunde, den Rettungswagen und mein schreiendes Kind. Ich erinnerte mich an den plötzlichen Schmerz und daran, dass ich nicht mehr sprechen konnte. An meine Kreislaufprobleme. Aber was machte ich hier? Das verstand ich immer noch nicht. »Was ist denn passiert?«, fragte ich die Schwester.

»Moment, ich hole einen Arzt, der Ihnen alles erklären wird.« Die Schwester verließ den Raum und kurz darauf erschien ein Arzt, der eine Nickelbrille trug und sich als Professor Schneider vorstellte. Er setzte sich neben mein Bett. »Es ist alles okay, Frau Wyrich. Wir haben bei Ihnen einen Herzinfarkt festgestellt und Ihnen bei einer Operation zwei Stents gesetzt.«

Ich sah Professor Schneider fragend an. »Sie haben was gemacht?« Ich verstand nur Bahnhof. Vermutlich hatte ich ihn bloß falsch verstanden. Schließlich war Daniel der Herzpatient und nicht ich. Ich hatte ja nur Kreislaufprobleme gehabt … Professor Schneider wiederholte das, was er mir gesagt hatte, und meine anfängliche Begriffsstutzigkeit wich Erstaunen. »Das ist ja ein Ding«, sagte ich verblüfft und musste ich mich erst an den Gedanken gewöhnen, dass Daniel nun nicht mehr der einzige Herzpatient in der Familie war.

»Machen Sie sich keine Sorgen. Das Schlimmste haben Sie überstanden«, sagte der Professor zu mir. »Jetzt geht es wieder bergauf mit Ihnen.«

»Ich wollte ja schon immer was Besonderes sein, aber dass mir an meinem Hochzeitstag gleich zwei Stents gesetzt werden, das ist selbst für meine Verhältnisse etwas zu extravagant«, sagte ich und schüttelte dabei mit dem Kopf.

»Tja, so ist das. Die besten Geschichten schreibt immer das Leben.«

»Ich könnte mittlerweile auch schon ein Buch über die Dinge schreiben, die ich in den letzten Jahren erlebt habe, Herr Professor, das können Sie mir glauben«, erwiderte ich.

Professor Schneider legte mir eine Hand auf die Schulter.

»Machen Sie das. Aber zuerst werden Sie wieder richtig gesund.«

Ich blieb nach der Operation nur wenige Tage im Krankenhaus. Eine stationäre Reha-Maßnahme kam für mich nicht infrage, weil ich mich um Daniel kümmern wollte. Deshalb machte im Anschluss an den Krankenhausaufenthalt eine dreiwöchige ambulante Reha, die ihren Zweck genauso erfüllte. Nachdem ich die Reha erfolgreich abgeschlossen hatte, holten wir unseren Hochzeitstag nach. Allerdings kochte ich nicht, sondern wir gönnten uns zu dritt ein Abendessen in einem schönen Lokal. Auf eine Wiederholung meiner ›Kreislaufprobleme‹ wollten wir es nicht anlegen, und so ließen wir lieber für uns kochen. Als wir beim Dessert angekommen waren, legte Daniel seinen Löffel beiseite und schaute mich ganz ernst an. »Ich weiß ja, dass ich ein ganz cooler Junge bin. Aber versprich mir, dass du mir in Zukunft nicht alles nachmachst. Die Nummer mit dem Herzen ist nämlich meine Spezialität.«

Martin und ich schauten Daniel entgeistert an, der im nächsten Moment losprustete.

»Also, Daniel! Dein Humor ist manchmal schwärzer als die Nacht«, rief ich und fiel mit Martin in das Lachen unseres Kindes ein.

22

Neue Wege

Das kommende Weihnachtsfest war für mich etwas ganz Besonderes. Es fühlte sich wie eine neue Lebenschance an. Ich ließ die vergangenen Jahre Revue passieren, erinnerte mich bewusst an Daniels Operationen, seine langen Krankenhausaufenthalte, an meine Hochzeit mit Martin und den schönen Geburtstag meines Vaters mit meiner Familie. Ich dachte zurück an die erste Begegnung mit Lars Amend, der in meinem Kind wieder die Lebensfreude geweckt hatte, die Daniel so dringend benötigt hatte. Ich dachte an Daniels Buchveröffentlichung, die Berge von Fanpost, die er daraufhin erhalten hatte, und die Freude, mit der er jeden einzelnen Brief gelesen hatte. Und ich erinnerte mich schließlich auch an meinen eigenen Herzinfarkt, der mich so unverhofft ereilt hatte, dass ich mich im Nachhinein noch immer fragte, ob das wirklich geschehen war oder ob ich es mir nur eingebildet hatte.

Während ich eine Tasse Kaffee trank und Daniel dabei beobachtete, wie er seine Geschenke voller Begeisterung auspackte, durchströmte mich ein Gefühl von tiefster Dankbarkeit. Es war wirklich ein Wunder, dass mein Kind immer noch bei mir war. Daniel lebte und würde im kommenden Februar schon siebzehn Jahre alt werden. Ich konnte kaum glauben, dass mein Kind sich trotz seiner schlechten Prognosen schon so lange durch sein Leben gekämpft hatte. Ich war stolz auf Daniel, stolz auf seinen Mut und die Fähigkeit, sein Schicksal anzunehmen und daraus in jedem Augenblick das Beste zu machen. Ich wusste nicht, ob ich diese Kraft gehabt hätte. Mit Ryans Entscheidung, in Südafrika zu bleiben, hatte ich ebenfalls meinen Frieden gemacht. Ich akzeptierte seinen Entschluss und hatte aufgehört, darüber nachzugrübeln, ob ich daran ›Schuld‹ hatte. Und dann fiel mir wieder das Gespräch mit Professor Schneider ein, das wir nach meiner Herz-OP geführt hatten. Ich musste unwillkürlich lächeln.

Martin nahm meine Hand. »Woran denkst du?«

»An alles und nichts. Aber gerade eben musste ich an ein Gespräch mit Professor Schneider denken.«

»So? Warum das?«, fragte er mich neugierig. »Was hat er denn zu dir gesagt?«

»Er hat mich da auf eine Idee gebracht«, sagte ich vage und grinste dabei vor mich hin.

Martin hob die Augenbrauen. »Wenn du schon so grinst, dann muss es ja was Extravagantes sein.«

»Du kennst mich einfach viel zu gut, Martin.« Ich lachte ihn an und knuffte ihn in die Seite.

»Spann mich nicht so auf die Folter. Welche Idee heckst du gerade aus?«

»Aber du darfst nicht lachen. Versprochen?«

Martin hob zum Schwur die Hand. »Großes Hafenarbeiterehrenwort.«

»Ich habe den Entschluss gefasst, auch ein Buch zu schreiben. Über mein Leben. Über Südafrika. Über dich. Und über Daniel«, verkündete ich ihm.

Martin schaute mich zuerst verdutzt an, doch dann veränderte sich sein Gesichtsausdruck, in dem sich immer deutlicher Anerkennung für mein Vorhaben widerspiegelte. Er pfiff durch die Zähne. »Eine grandiose Idee. Darauf sollten wir anstoßen«, sagte er und öffnete eine Flasche Rotwein. »Auf das zweite Schriftstellertalent in der Familie. Ich werde dein erster Leser sein.«

Wir stießen an und ich nahm mir vor, gleich nach Weihnachten die ersten Episoden meines bewegten Lebens niederzuschreiben.

2014 ging Daniels letztes Schuljahr zu Ende. Ich konnte es kaum glauben. Wieder hatte mein Sohn einen Lebensabschnitt geschafft und allen Prognosen zum Trotz seinen Kopf durchgesetzt.

Er war mittlerweile siebzehn Jahre alt. Hätte man mich während seines ersten Lebensjahres gefragt, ob ich glaubte, dass Daniel jemals siebzehn Jahre alt werden könnte, ich hätte wahrscheinlich »Nein« geantwortet. Zu dem Zeitpunkt schien mir dieses Lebensalter in unerreichbarer Ferne, und ich wäre glücklich gewesen, wenn mein Sohn überhaupt fünf Lebensjahre geschafft hätte. Nun waren es schon zwölf Jahre mehr, und ich fragte mich, wo eigentlich die Jahre geblieben waren. Seit Daniels Geburt war ich mit so vielen Dingen beschäftigt gewesen, dass ich kaum bemerkt hatte, wie die Zeit verging. Seit siebzehn Jahren organisierte ich ununterbrochen Daniels Leben, Arzt- und OP-Termine sowie seinen Tagesablauf. Freunde fragten mich manchmal, wie ich das über einen so langen Zeitraum geschafft hatte. Ehrlich gesagt, wusste ich das selbst nicht. Wahrscheinlich, indem ich einfach immer weitergemacht und nie einen Gedanken ans Aufgeben verschwendet hatte.

Nach den Sommerferien begann Daniel eine Arbeit in einer Werkstatt. Ich war unheimlich stolz auf ihn, denn diese Stelle hatte er ganz ohne fremde Hilfe bekommen. Er machte seine Arbeit dort gut, kam einwandfrei mit Mitarbeitern und Vorgesetzten aus und ging jeden Tag mit großer Freude zur Arbeit, weil er endlich das Gefühl hatte, gebraucht zu werden und etwas leisten zu können.

»Endlich kann ich etwas tun, das mir nicht nur Spaß macht, sondern auch nützlich ist«, hatte er nach einem Monat stolz gesagt. Ich konnte mir ungefähr vorstellen, was dies für einen Menschen bedeutete, der sein ganzes Leben lang auf die Hilfe von anderen angewiesen war. Für Daniel bedeutete es alles. Ein weiterer Schritt in Richtung Normalität und Selbstständigkeit, der für andere Jugendliche in seinem Alter völlig normal war, für ihn aber einen Meilenstein darstellte.

Die Arbeit tat Daniel gut, und er genoss es, sein selbst verdientes Geld in einem Einkaufszentrum auszugeben. Eines Abends kam er von einem solchen Einkauf zurück. Er wollte sich eine neue Hose kaufen und hatte darauf bestanden, dies ohne meine Begleitung zu tun. Er wollte zeigen, dass er auch ohne die Hilfe seiner Mutter zurechtkam.

»Und, hast du eine passende Hose gefunden?«, fragte ich, als er zur Wohnungstür hereinkam.

Daniel schaute in die Küche. »Nee. Hatte keine Zeit dafür«, sagte er mit glänzenden Augen und leuchtend roten Wangen.

»Wie, keine Zeit? Du warst doch fast drei Stunden in dem Einkaufszentrum. Hat das für eine neue Hose nicht gereicht?«, fragte ich erstaunt. »Oder hast du was ausgefressen?«

»Nee, Quatsch! Ich habe nichts ausgefressen. Ich habe Melissa zufällig getroffen«, sagte er geheimnisvoll und grinste dabei wie ein Honigkuchenpferd.

»Welche Melissa?« Daniel wusste genau, wie er mich neugierig machen konnte, und genoss das Gefühl, mir anzusehen, dass ich fast vor Neugierde platzte.

»Die war doch mal bei mir auf der alten Schule. Das Mädchen mit den Locken, die im Rollstuhl sitzt. Die Hübsche, weißt du noch?«

Ich überlegte kurz und dann fiel mir das Mädchen ein, von dem er redete. »Ach, ich weiß, wen du meinst. Aber warum konntest du wegen Melissa keine neue Hose kaufen?«

Daniel verdrehte genervt die Augen. »Boah, Mama! Ich hab sie zum Eis Essen eingeladen, und morgen sind wir zum Kino verabredet.«

»Verstehe.« Ich musste mir das Grinsen verkneifen. So war das also. Da hatte sich mein Sohn einfach mal eben verliebt. Nun schien mein Kind wirklich erwachsen geworden zu sein. »Bring sie doch mal mit«, schlug ich ihm vor.

Daniel zuckte die Schultern. »Mal sehen. Ich geh jetzt skypen.« Er verschwand in seinem Zimmer und schloss die Tür hinter sich.

Ich schaute ihm nach und fühlte mich auf einmal richtig beschwingt. Ich hatte das Gefühl, alles richtig gemacht zu haben. Mit Daniel. Mit Martin. Und mit meinem Leben.

Daniel und Melissa verliebten sich Hals über Kopf ineinander und wurden tatsächlich ein Paar. Ich freute mich für Daniel, dass er so eine nette Freundin gefunden hatte, die Verständnis für seine gesundheitlichen Einschränkungen hatte.

Eines Abends hatten Martin und ich es uns auf der Couch gemütlich gemacht und schauten eine Unterhaltungsshow im Fernsehen an, als Daniel ins Zimmer kam und sich demonstrativ vor uns aufbaute. Er wedelte mit einem zerknitterten Zettel vor unseren Nasen hin und her.

»Was soll das, Daniel? Du bist nicht durchsichtig. Wir wollen die Sendung in Ruhe anschauen«, sagte ich leicht genervt.

»Wisst ihr, was das hier ist?«, fragte er uns stattdessen unbeirrt.

Martin und ich schüttelten die Köpfe. »Du wirst es uns bestimmt gleich sagen«, bemerkte Martin mit belustigter Stimme; immerhin kannte er Daniels Mitteilungsdrang und wusste, dass es in den nächsten Sekunden aus ihm herausplatzen würde.

»Das hier ist die Liste mit meinen Herzenswünschen und Lebenszielen, die ich damals zusammen mit Lars aufgeschrieben habe.«

»Ich wusste gar nicht, dass du den Zettel noch hast«, sagte ich erstaunt.

Daniel nickte. »Ich hatte die Liste die ganze Zeit in einer Schublade liegen und fast vergessen. Vorhin ist mir erst wieder eingefallen, dass ich sie noch habe.«

»Was willst du damit jetzt machen?«, fragte Martin.

»Das hier. Ihr seid meine Zeugen.« Daniel holte einen Stift aus seiner Hosentasche und malte einen dicken Haken auf den unteren Teil des Papiers. Dabei strahlte er über das ganze Gesicht und wirkte unheimlich glücklich. So hatte ich meinen Sohn noch nie gesehen. »Hier«, sagte er und reichte Martin und mir die zerknitterte Liste.

Auf dem Blatt Papier hatte Daniel damals seine geheimen Herzenswünsche notiert und immer einen Haken hinter jedes Lebensziel gemacht, wenn sich eins davon erfüllt hatte. Am untersten Ende des Papiers stand sein letzter und bisher unerfüllter Wunsch: Eine Freundin haben. Hinter diesem Wunsch prangte nun der letzte Haken.

Alles war am Ende gut geworden. Ich freute mich auf die Zukunft und war gespannt darauf, welche Überraschungen das Leben für uns noch aus dem Hut zaubern würde. Egal, was es auch sein mochte: Ich war bereit dafür.

Epilog

Daniel ist mittlerweile 18 Jahre alt. Volljährig. Er arbeitet nach wie vor in der Werkstatt und es geht ihm gut. Na ja, was heißt schon gut? Für seine Verhältnisse so gut, wie es ihm eben gehen kann. Er muss nach wie vor täglich einen Berg Tabletten schlucken und hasst die notwendigen medizinischen Untersuchungen leidenschaftlicher denn je. Ich frage mich noch immer jeden Tag, wie lange mein Sohn noch durchhält. Mein größter Wunsch wäre es, wenn Daniel auf die Liste für ein Spenderherz kommen würde. Doch ich bin realistisch genug und weiß, dass dies nicht passieren wird. Dafür geht es ihm noch ›zu gut‹. Er hat nur die Chance auf einen Platz auf dieser Liste, wenn sein Herz versagen und er nur noch durch eine Herz-Lungen-Maschine am Leben gehalten werden würde. Daran möchte ich aber noch nicht einmal denken.

Ich lese jeden Tag die vielen Nachrichten, die uns seit der Veröffentlichung von Daniels Buch erreichen. Sie geben mir Kraft und Zuversicht. Es ist schön zu wissen, dass es Menschen da draußen gibt, die am Kampf um Daniels Leben teilhaben – auch wenn wir uns nicht persönlich kennen. Bitte schreiben Sie uns auch weiterhin. Daniel freut sich immer über Nachrichten und ich glaube, dass sein Herz vor Freude jedes Mal einen Hüpfer tut, wenn er eine persönliche Nachricht auf seiner Facebook-Seite bekommt. Auch wenn es nur ein halbes Herz ist. Vor Freude hüpfen kann es trotzdem.

Ein Dank

Sie können sich nicht vorstellen, welche Gedanken mir morgens manchmal durch den Kopf gehen. Wie verschwitzt ich aufwache, weil ich geträumt und gedacht habe, es sei so weit. Welche Alpträume, Verlustängste und Unverständnis mich plagen – warum gerade wir? Vorstellungen und Fragen, die mein Leben ständig auf der Suche nach Antworten begleiten. Ob Gott mir diese Antwort irgendwann noch geben wird, kann ich Ihnen derzeit auch nicht sagen. Doch egal, was kommt: Ich bin dankbar dafür, meinen Sohn begleiten, erleben und akzeptieren zu dürfen. Daniel, Du bereitest mir täglich unglaublich große Freude, aber – lassen Sie mich Mutter sein – treibst mich manchmal auch in den Wahnsinn. Und dennoch liebe ich Dich auch genau dafür. Du bist das Beste, was mir in meinem Leben hätte passieren können – Du bist mein Fleisch und Blut. Ich werde Dich nie im Stich lassen. Auch wenn ich gelegentlich aus ›unserer‹ Welt flüchte, so hoffe ich, dass Du mir, Deiner Mutter, diese Freiheit gibst. Es ist auch für mich nicht immer leicht und genau daher bewundere ich Deine Leichtigkeit jeden Tag aufs Neue. Ich liebe Dich. Wir beide wissen nicht, wie lange ich Dir das noch sagen darf, doch ich bitte Dich, mich Mutter sein zu lassen, so wie ich Dich Kind, Jugendlicher und Erwachsener sein lasse. Ich will es Dir so häufig sagen, wie es mir noch vergönnt ist: Ich liebe Dich. Durch Dich lernte ich ein Leben zwischen Kosmetika, Illusion, Angst und Flucht kennen. Aber durch Dich weiß ich auch, wo ich hingehöre und was es bedeutet, ein ›echtes‹ Leben zu führen. Ein großer

Dank gebührt meiner Familie: meiner Schwester Ute Molyneux und ihrer Familie, meinem Bruder Rainer Bride und seiner Familie, meinem lieben Papa Gert Bride, meiner Ex-Schwiegermutter Ann Meyer, meiner Freundin Pam Barnard und meinem ältesten Sohn Ryan Meyer. Danke, dass Du immer für Deinen Bruder da warst. Und Du, mein allerbester Ehemann Martin Wyrich, dass Du zu uns stehst und mit uns durch Dick und Dünn gehst, ist ein unsagbar großes Glück. ICH LIEBE DICH JEDEN TAG MEHR. Obwohl wir bereits dreizehn Jahre zusammen sind, flattern immer noch Schmetterlinge in meinem Bauch, wenn ich Dich anschaue. Danke, dass es Dich gibt und dass wir eine so starke Familie sind! Ich danke auch meiner lieben Familie in Süddeutschland. Danke, dass Ihr immer für uns da seid. Meinen Freundinnen, Brigitte Dursch, Carola Karwen, Kristin Rex, Sabine Nuß, Ilona Rödel, Britta Wachler, Claudia Grosser, Ina Ziegler, Sara Maria Vieira, Nina Hartl, Sonja Falz und Familie und all den Menschen und Freunden, die immer zu uns stehen, werde ich stets dankbar sein. Es ist so wunderbar, dass es Euch gibt und dass Ihr an uns glaubt. Und ich danke auch Lars Amend, der Daniel solch außergewöhnliche und prägende Erlebnisse ermöglicht hat. Ein ganz besonderes Danke geht an die Menschen, die es mir ermöglicht haben, dieses Buch zu veröffentlichen: an meine liebe Koautorin Tanja Janz, an meine Agentin Anja Koeseling und an das Team von Eden Books.

Debbie Wyrich   Hamburg im Juli 2015

Zum Weiterlesen

Lebensgeschichten

Brück, Kira: *Der Tod kann mich mal. Jugendliche erzählen ihre Überlebensgeschichten. Für eine neue Sicht auf das Leben.* Berlin 2016

Cranen, Jennifer: *Ich will nicht, dass ihr weint. Das Krebstagebuch der 16-jährigen Jenni.* Berlin 2010

Housden, Maria: *Hannahs Geschenk. Das Glück eines kurzen Lebens.* Berlin 2003

Julliand, Anne-Dauphine: *Deine Schritte im Sand: Das kurze, aber glückliche Leben meiner Tochter.* 3. Aufl., Köln 2014

Meyer, Daniel und Amend, Lars: *Dieses bescheuerte Herz. Über den Mut zu träumen.* Frankfurt a.M. 2013

Millthorpe, Ian: *Kein Tag ohne dich. Vom Abschied einer Mutter.* Köln 2014

Niese, Sabine: *Solange mein Herz für euch schlägt. Das bewegende Vermächtnis einer Todkranken an ihren Mann und ihre Kinder.* München 2013

Rapp, Emily: *Versöhne dein Herz. Was mich das viel zu kurze Leben meines Sohnes lehrte.* Berlin 2014

Stäcker, Barbara: *Nana – ... der Tod trägt Pink. Der selbstbestimmte Umgang einer jungen Frau mit dem Sterben.* München 2013

Zachert, Christel: *Wir treffen uns wieder in meinem Paradies. Eine 15-Jährige nimmt Abschied von ihrer Familie.* 15. Aufl., Köln 2012

Ratgeber und Wissen

Bausewein, Claudia; Roller, Susanne; Voltz, Raymond (Hgg.): *Leitfaden Palliative Care. Palliativmedizin und Hospizbetreuung.* 5. Aufl., München 2015

Grönemeyer, Dietrich: *Dein Herz. Eine andere Organgeschichte.* Frankfurt a.M. 2012

Koch, Marianne: *Das Herz-Buch. Wie wir unser Herz schützen und gesund erhalten können.* München 2015

Niethammer, Dietrich: *Wenn ein Kind schwer krank ist. Über den Umgang mit der Wahrheit,* hg. v. Bernd Hontschik. Berlin 2010

Sitte, Thomas: *Palliativpflege durch Angehörige. Hinweise für die Betreuung und Pflege schwer kranker Menschen.* München 2014

Zernikow, Boris (Hg.): *Palliativversorgung von Kindern, Jugendlichen und jungen Erwachsenen*. 2., überarb. Aufl., Berlin/Heidelberg 2013

Weitere Titel von Eden Books

Sarah ist zwanzig, hat gerade die Schule hinter sich und
will mit Vollgas ins Leben starten – doch dann erleidet
sie einen epileptischen Anfall. Und noch einen und noch
einen. Plötzlich sieht die lebenslustige Sarah sich mit einer
Krankheit konfrontiert, die ihr Leben mit einem Schlag
komplett verändert. Was folgt, sind eine Zeit voller Anfälle
und Medikamente, viele Momente der Einsamkeit, Wut und
Scham und die Konfrontation mit zahllosen Vorurteilen.
Aber Sarah gibt sich und ihre Träume nicht auf. Heute, zehn
Jahre, sieben Antiepileptika und unzählige Arztbesuche
und Klinikaufenthalte später, ist Sarah eine junge,
selbstbewusste Frau und steht mit beiden Beinen im Leben.
In »Panthertage« blickt sie auf ihre Geschichte zurück: eine
Geschichte über das Leben mit Epilepsie, das nicht immer
einfach, dafür aber jederzeit lebenswert ist.

Sarah Elise Bischof
PANTHERTAGE
Mein Leben mit Epilepsie

208 Seiten | Klappenbroschur| 13,5 × 21 cm
14,95 € (D) / 15,40 € (A)
Auch als E-Book erhältlich
ISBN: 978-3-944296-93-7

Weitere Titel von Eden Books

Mit neun Monaten wird bei Emily Rapps Sohn Ronan das
Tay-Sachs-Syndrom festgestellt, eine degenerative Krankheit,
die unweigerlich zum Tod führt. Als Emily erfährt, dass ihr
Sohn seinen dritten Geburtstag wahrscheinlich nicht erleben
wird, beginnt sie zu schreiben: über Ronan und die wertvolle
Zeit, die sie zusammen verbringen, über ihre Trauer und
ihre Verzweiflung. Dabei entstanden ist ein emotionales
und kluges Buch, was von der Suche nach Trost in einer
ausweglosen Situation berichtet. Eindringlich und zutiefst
berührend erzählt Emily Rapp davon, was es bedeutet, ein
Kind zu lieben und zu verlieren.

Emily Rapp
VERSÖHNE DEIN HERZ
Was mich das viel zu kurze Leben meines Sohnes lehrte

288 Seiten | Hardcover mit Schutzumschlag | 13,5 × 21 cm
19,95 € (D) / 20,60 € (A)
Auch als E-Book erhältlich
ISBN: 978-3-944296-37-1

Weitere Titel von Eden Books

Neun Minuten – so lange war Clemens Hagen aufgrund einer inneren Blutung klinisch tot, bevor er erfolgreich reanimiert werden konnte: ein »medizinisches Wunder« (O-Ton Chefarzt). Aus zwei Perspektiven erzählen Clemens Hagen und seine Verlobte Kimberly Hoppe von seiner Nahtoderfahrung: Wie Clemens sich in einer bizarren Welt voller Albträume und Ängste wiederfand. Wie Kimberly Hoppe ihm in der Zeit seiner Genesung aufopferungsvoll beistand und die beiden den oft ans Absurde grenzenden Krankenhausalltag meisterten. Das Buch ist eine Mischung aus berührendem Bericht über eine außergewöhnliche Erfahrung am Rande des Todes und romantischer Tragikomödie.

Clemens Hagen und Kimberly Hoppe
NEUN MINUTEN EWIGKEIT
Eine Liebe zwischen Leben und Tod. Unser Koma-Tagebuch

256 Seiten | Klappenbroschur | 13,5 × 21cm
14,95 € (D) / 15,40 € (A)
Auch als E-Book erhältlich
ISBN: 978-3-944296-44-9

HINTERGRÜNDE
GEWINNSPIELE
HINTERGRÜNDE
AKTIONEN
VERANSTALTUNGEN
DISKUSSIONEN
NEUIGKEITEN

Alle aktuellen
Infos zu
unseren
Titeln

www.facebook.com / EdenBooksBerlin

www.edenbooks.de
hallo@edenbooks.de

Eden
BOOKS

Impressum

Debbie Wyrich mit Tanja Janz
Nur ein halbes Herz
Der Kampf um meinen Sohn Daniel
ISBN 978-3-959100-14-4

Eden Books
Ein Verlag der Edel Germany GmbH
Copyright © 2015 Edel Germany GmbH, Neumühlen 17, 22763 Hamburg
www.edenbooks.de | www.facebook.com/EdenBooksBerlin | www.edel.com
1. Neuauflage 2015

Dieses Werk wurde vermittelt durch die Literaturagentur Scriptzz, Berlin |
www.scriptzz.de

Projektkoordination: Judith Haentjes und Svenja Monert
Lektorat: Dr. Ulrike Strerath-Bolz
Umschlagfoto: Moritz Thau
Umschlaggestaltung und Layout: Rosanna Motz
Satz: Datagrafix Inc. | www.datagrafix.com
Druck und Bindung: optimal media GmbH, Glienholzweg 7, 17207 Röbel/
Müritz
Das FSC®-zertifizierte Papier Super Snowbright für dieses Buch lieferte Helle-
foss AS, Hokksund, Schweden.

Printed in Germany

Dieses Buch ist auch als E-Book erhältlich.

Um die kulturelle Vielfalt zu erhalten, gibt es in Deutschland und in Öster-
reich die gesetzliche Buchpreisbindung. Für Sie, lieber Leser und liebe Leserin,
bedeutet das, dass Ihr verlagsneues Buch jeweils überall dasselbe kostet, egal,
ob Sie Ihre Bücher gern im Internet, in einer großen Buchhandlung oder beim
kleinen Buchhändler um die Ecke kaufen.